U0470438

中国超级工程

地理分布图与历史年代时间轴图

胡文瑞 王基铭 刘 合 唐立新 等 / 著

科学出版社

北 京

审图号:GS 京 (2024)1824 号

图书在版编目（CIP）数据

中国超级工程地理分布图与历史年代时间轴图 / 胡文瑞等著 . -- 北京：科学出版社，
2025. 1. -- ISBN 978-7-03-079879-4

Ⅰ . F282-64

中国国家版本馆 CIP 数据核字第 202443SN15 号

责任编辑：吴凡洁　冯晓利/责任印制：师艳茹
装帧设计：唐人文化

科 学 出 版 社 出版
北京东黄城根北街 16 号
邮政编码：100717
http://www.sciencep.com
北京汇瑞嘉合文化发展有限公司印刷
科学出版社发行　各地新华书店经销
*
2025 年 1 月第 一 版　开本：787×1092 1/8
2025 年 1 月第一次印刷　印张：17 1/2　插页：5
字数：175 000
定价：98.00 元

MEGA PROJECT
超级工程

胡文瑞 HUWENRUI

　　毕业于东北石油大学，中国工程院院士，教授级高级工程师，博士生导师，国务院有突出贡献专家，第十届全国人民代表大会代表，中国共产党第十六次全国代表大会代表。曾任长庆石油勘探局局长、长庆油田公司总经理、中国石油专业公司总经理、中国石油天然气股份有限公司副总裁、中国石油企业协会会长、中国矿业联合会副会长、中国石油和化学工业联合会副会长、中国企业技术创新委员会副主任委员、中国工程院工程管理学部第七届主任。全国企业现代化管理创新成果审定委员会主任。全国五一劳动奖章获得者。主要研究方向是非常规油气勘探开发、新能源、工程管理与造物实践。

王基铭 WANGJIMING

　　毕业于华东化工学院，中国工程院院士，教授级高级工程师，博士生导师，炼油、石油化工及工程管理专家。曾任上海石化董事长，上海赛科石油化工有限责任公司董事长，中国石油化工集团有限公司副总经理，中国石油化工股份有限公司副董事长、总裁，中国可持续发展工商理事会执行理事长，中国工程院工程管理学部第五届主任，第十届、第十一届全国政协委员。现任华东理工大学理事会名誉理事长、中国石油化工集团有限公司科学技术委员会顾问、中国企业联合会特邀副会长、中国可持续发展工商理事会会长。中国石化大型装备国产化的杰出推动者和重大贡献者。主要研究方向是炼油化工产业智能化和煤化工产业化。

刘 合 LIUHE

　　毕业于大庆石油学院，中国工程院院士，教授级高级工程师，博士生导师，能源与矿业工程管理专家。曾任大庆油田副总工程师和中国石油勘探开发研究院副总工程师。现任国家油气战略研究中心副主任、国际燃气联盟（IGU）执委。国家科技进步奖特等奖（1项）、二等奖（4项），国家技术发明奖二等奖（1项）获得者；光华工程科技奖、孙越崎能源大奖获得者。主要研究方向是采油工程技术及装备研发、工程管理创新与实践。

唐立新 TANGLIXIN

　　毕业于东北大学，中国工程院院士，IEEE Fellow，教授，博士生导师。现为东北大学副校长（科技规划、国际合作）、第十四届全国人民代表大会代表、辽宁省第十四届人民代表大会常务委员会委员。东北大学控制科学与工程（自动化）国家一级重点学科负责人、控制科学与工程国家"双一流"学科建设领导小组组长、人工智能与大数据研究院院长、智能工业数据解析与优化教育部重点实验室主任、工业智能与系统优化国家级前沿科学中心主任和首席科学家。现任国务院学位委员会第八届控制科学与工程学科评议组成员、教育部科学技术委员会人工智能与区块链技术专业委员会副主任、国家工业互联网战略咨询专家委员会委员。兼任中国金属学会副理事长、中国运筹学会副理事长兼智能工业数据解析与优化专业委员会主任、清华大学自动化系咨询委员会委员、北京大学大数据分析与应用技术国家工程实验室技术委员会委员。2017年获全国五一劳动奖章。主要研究方向是工业智能与系统优化理论方法。

"超级工程丛书"编委会

| 顾问： | 徐匡迪 | 朱高峰 | 何华武 | 殷瑞钰 | 翟光明 | 何继善 | 袁晴棠 |
| | 傅志寰 | 王玉普 | 汪应洛 | 陆佑楣 | 王礼恒 | 孙永福 | 许庆瑞 |

主编： 胡文瑞

副主编： 王基铭　刘　合　唐立新

秘书长： 唐立新（兼）

副秘书长： 王俊仁（执行）　聂淑琴　鲍敬伟　许　特

主要撰写人员：	胡文瑞	王基铭	刘　合	唐立新	卢春房	黄其励	黄维和
	丁烈云	戴厚良	孙丽丽	曹建国	杨善林	谢玉洪	陈晓红
	范国滨	金智新	凌　文	向　巧	林　鸣	王自力	李贤玉
	王俊仁	许　特	方东平	宋　洁	郎　劲	赵国栋	赵　任
	聂淑琴	鲍敬伟	王新东	钟　晟	刘清友	梁　樑	祝　磊
	罗平平	邵安林	李家彪	黄殿中	孙友宏	张来斌	赵文智
	聂建国	杨　宏	王　坚	王金南	杨长风	郭庆新	孟　盈
	王显鹏	汪恭书	苏丽杰	吴　剑	宋　光	刘　畅	杜金铭
	高　振	许美玲	陈宏志	李开孟	张秀东	张颜颜	宋相满
	魏一鸣	贾枝桦	李新创	王慧敏	张家宁	郭振飞	董志明
	白　敏	王佳惠	王　尧	马琳瑶	曹思涵	王丽颖	何冠楠
	赵伟华	王剑晓	张　磊	杨钟毓	常军乾	吕建中	杨　虹
	徐文伟	张建勇	林　枫	曲天威	王　军	李　青	王京峰
	何江川	王建华	王安建	王荣阳	李　达	徐宿东	刘泽洪
	张来勇	傅　强	王道军	李晓雪	陈晓明	袁红良	邵　茂
	王定洪	关中原	何　欣	徐立坤	范体军	李妍峰	罗　彪
	翁修震	陈佳仪	张　勇	李　治	王宗宪	钟金红	王　凡
	任　羿	冯　强	田京芬	贾光智			

说明：1. 主要撰写人员按参与先后时间及任务权重排序

2. 主要撰写人员 123 位 + 顾问 14 位，合计 137 位

3. 总参与人员 751 人

目录
CONTENTS

总　序

工程是人类改造自然的伟大创造，而超级工程就是人类改造自然伟大创造的巅峰之作，是人类社会文明进步的旗帜性标志，堪称皇冠上一颗颗璀璨夺目的明珠。

超级工程历史，可以追溯到人类新石器时期，在那个洪荒世界就诞生了超级工程，标志着人类文明的开启，代表着人类从自然物理世界走向了人工物理世界。

新中国成立以来，中国经济持续七十多年中高速发展，其中改革开放以来的四十多年，GDP 增长了 225 倍。2010 年，中国经济总量超过日本，仅次于美国跃居为世界第二位。巨大的经济实力为超级工程建造奠定了坚实基础。同年，中国制造业产值 1.98 万亿美元，占世界制造业总产值的 19.8%（美国占 19.4%），超过美国成为世界第一，截至 2022 年的制造业产值比美国、日本、德国的总和还多。强大的制造业为超级工程建造提供了工程装备和工程技术支撑。旺盛的需求为超级工程建造提供了强劲的动力。

这期间中国人民不屈不挠地进行了人类历史上史无前例、声势浩大、波澜壮阔的工程建设造物活动，中国城乡处处成为热火朝天的"大工地"，成为全球为数不多的蓬勃发展的工程建造"大市场"，诞生了数以万计的社会和民生需要的各类工程，催生了一大批史诗级的令人激动的超级工程和超级工程群。中国城乡到处欣欣向荣、日新月异，祖国大地发生了翻天覆地的变化，国家面貌焕然一新。为此，中国被誉为"基建狂魔"。

2017 年，中国工程院工程管理学部一批关注和热心超级工程研究的院士，提出系统研究超级工程的设想，得到了工程管理学部的全力支持。研究的目标以中国超级工程建造为重点，覆盖国内外超级工程建造，涵盖中国古代、近现代和世界古代、近现代超级工程，时间跨度从人类新石器时期到现代。可谓研究设想宏伟，内容浩大而繁复，学术性、理论性和专业性极强，没有强大的跨学科、跨领域的专业团队，难以完成如此重要的具有现实意义的超级工程研究工作。

2019 年，在两年多的咨询和组织准备的基础上，在中国工程院工程管理学部"工程哲学理论体系"和"工程管理理论"研究取得重大学术成果的鼓舞下，经工程管理学部七届 18 次常委会通过立项，正式设立"超级工程研究"课题，架构为"1+4"，即一个总研究课题为"超级工程研究"课题，四个专题研究课题为"中国古代超级工程研究""中国近现代超级工程研究""世界古代超级工程研究"和"世界近现代超级工程研究"课题，分别于 2019 年、2020 年、2021 年、2022 年立项。

2023 年，为了提升超级工程研究的层次，结合国家战略发展目标，"超级工程研究"由中国工程院"一般项目"升格为中国工程院"重大项目"，项目名为"中国式现代化建设中超级工程发展战略研究"，目的是为建设中国式现代化强国提供重要的科学决策支撑。

为了完成重大的理论性、学术性和战略性研究课题，"超级工程研究"项目组，遵循"友情合作"的原则，先后组建了研究顾问团队、3 个骨干研究团队、43 个"超级工程排行榜"案例撰写团队、10 个研究报告和系列丛书撰写编辑编审团队。参与研究的跨领域、跨专业、跨学科的专家学者 751 人，其中院士 49 位，参与研究的大学 19 所，企业 105 家（其中世界 500 强企业 15 家），堪称学术研究领域里的"超级研究"团队。

"超级工程研究"课题遵循"科学、权威、真实、可用"四项基本原则。一是坚持研究的科学性。对超级工程进行科学的定义、分类，依据、论据充分，数据、知识真实可靠，结果经得起考验和社会评判。二是坚持资料的权威性。资料选自权威文献，由专业机构提供和合法认可，结合现场考察，工程资料信息完整可信，经得起时间的考验。三是坚持案例的真实性。尊重合乎客观实际的工程情况，确保工程数据、人文资料真实，经得起追溯、查证。四是研究成果的可用性。将浩繁的历史资料转变成超级工程研究的工具，从研究中获得认识和启示，从实践中获得宝贵经验，升华到理论，指导超级工程建造实践。研究目的是，"超级工程研究"为人类工程造物活动提供有价值、有意义、可借鉴的工作指南。

"超级工程研究"课题总体逻辑关系：一是定义。定性分析中国古代、近现代和世界古代、近现代超级工程的共性要素，形成中国古代、近现代和世界古代、近现代超级工程公认的定义。二是特征。挖掘各个历史时期、各个领域中国古代、近现代和世界古代、近现代超级工程普遍存在的价值，获得超级工程的共性特征。三是分类。按"时空四象限方法"分为"古、今、中、外"四大板块；依据工程属性和自然属性分为七大类，从中又分别细化二级分类。四是标准。总体研究设计"定性＋定量化"，制定中国古代、近现代和世界古代、近现代超级工程选取评价指标，最终形成系统的评价体系，选取或筛选超级工程经典案例。

什么是超级工程？"超级工程研究"给出的定义是：特定团体（国家、政府、财阀、企业），为了人类生存和发展，实现特定的目的，运用科学与技术，投入超大规模的人力、物力、财力，有计划、有组织地利用资源，将人类的思考、发明和实践经验，通过人工和自然的选择，采用集成和交叉的方法，建造的具有超大规模的、超复杂技术的、超高风险的、超大影响力的、极具誉谤性和唯一性特征的改变事物性状的实体人造物理工程，称之为"超级工程"。

"超级工程研究"根据超级工程特性所表现的抽象结果，把超级工程的特征分为主体特征（事物的主要部分）、次主体特征和一般特征。一般来讲，特征为表象（外在）的（物质的）东西，而特性为本质（内在）的东西。超级工程的代表性特征主要有：目的性、社会性、规模性、集成性、系统性、复杂性、科学性、文化性、地域性、民族性、誉谤性和唯一性等。如果概括其特征就是"超大"。

"超级工程研究"参考"林奈的生物学分类法"，以"同规则、内相似、外差异、全覆盖、无重叠"为依据，按照工程属性和自然属性，依据功能结构、科技领域、建设性质、投资规模、投资效益、投资来源等，分为"土木工程、水利工程、能源矿业工程、制造工程、运载工程、信息通信工程和其他工程"七大类，在此分类基础上，进一步细化分类，例如"土木工程"，又分为"建筑工程、桥梁工程、公路工程、隧道工程、地铁工程、机场工程"等。

　　"超级工程研究"采用"定量标准和定性标准相结合的方法"选取超级工程。具体有两种方法：一是采用"比较分析法"，根据工程规模、科技成果等可量化指标，设置超级工程筛选的定量标准；二是采用"专家打分法"，对科技影响、经济影响和社会影响等不可量化的指标，设置超级工程筛选的定性标准，最终依据"工程规模、工程成果、管理创新、科技价值、经济价值、社会价值"等若干方面进行综合评价。在此基础上，进一步细化定性和定量指标，例如"工程规模"，包括"建筑面积、投资金额、设计与建设周期、资源消耗"等；又例如"社会价值"，包括"民生与就业价值效应、生态与环境价值效应、军事战略价值效应、交通辐射价值效应"等。

　　"超级工程研究"以历史年代时间轴划线。中国古代超级工程和中国近现代超级工程，时间跨度 12000 年，以公元 1840 年第一次鸦片战争为节点，之前为中国古代超级工程，可以追溯到新石器时期，之后为中国近现代超级工程。世界古代超级工程和世界近现代超级工程，时间跨度 4300 ～ 5300 年，以公元 1640 年英国资产阶级革命为节点，之前为世界古代超级工程，可追溯到公元前 3300 ～前 2300 年之前，之后为世界近现代超级工程。

　　"超级工程研究"课题，技术含金量较高的是对超级工程进行"投资折算"。众所周知，发生在不同时期的超级工程，其投资不可能是一个恒定的数字。把不同时期建造的超级工程投资折算成现在的价值（投资），需采用不同的折算方法。

　　一是投资占 GDP 比重相对计算方法。主要表明古代某一超级工程在当时的相对投资规模。用某一超级工程的总投资，占该项超级工程建造期间的 GDP 年均值的比重来表明该超级工程对当时经济增长的贡献。

　　二是米价的折算方法。对于建设年代久远的古代超级工程，考虑历朝、历代的衡制和币制不同，难以通过一种货币衡量其投资额度。为了对超级工程的投资进行归一化处理，采用两千年来一直存在记录的米价，折算超级工程的投资金额。主要是针对有历史记载建造用工总量的超级工程进行折算。

　　三是重置成本法。对某一时期建造的有明确工程量记载的超级工程，可用同类型单位工程的现行造价进行折算，测算出该超级工程现在所需要的投资额，例如给万里长城作价。对于现代超级工程，也可用"折现法"折算为现在的造价。

　　投资折算的目的是更清晰地对比判断超级工程的规模。近现代部分超级工程，难以准确折算真实的超级工程投资，则保留在建时期原始投资数据供参考。古代超级工程中的部分超级工程，特别是新石器时期的超级工程，很难准确折算投资，则采用定量估算和定性描述其工程价值作为参考。

　　"超级工程研究"课题，特别注重超级工程案例的研究。从人类新石器时期到现代（截至 2022 年），在浩如烟海、数以万计的世界重大工程中，严格按照定义、标准和分类要求，共筛选出了具有代表性的 643 项超级工程入选超级工程排行榜，其中 110 项具有标志性的超级工程入选《中国古代超级工程排行榜》，299 项具有地标性的超级工程入选《中国近现代超级工程排行榜》，100 项具有标志性的超级工程入选《世界古代超级工程排行榜》，134 项具有地标性的超级工程入选《世界近现代超级工程排行榜》。

"超级工程研究"课题组在完成研究总报告、专题报告、结题报告的基础上，进一步组织专家、学者深化研究，从理论和实践出发，研究超级工程的规律，创新超级工程理论，指导超级工程实践，组织撰写"超级工程丛书"，陆续向社会公开发行具有理论性、学术性和科普性的"超级工程丛书"。出版物主要包括如下三类：第一类是理论和学术著作，包括《超级工程概论》《中国古代超级工程概览》《中国近现代超级工程概览》《世界古代超级工程概览》《世界近现代超级工程概览》《超级工程排行榜名录》；第二类是超级工程排行榜，包括《中国古代超级工程排行榜》（共二册）、《中国近现代超级工程排行榜》（共六册）、《世界古代超级工程排行榜》（共二册）、《世界近现代超级工程排行榜》（共三册）；第三类是超级工程图册，包括《中国古代、近现代超级工程地理分布图》《世界古代、近现代超级工程地理分布图》《中国古代、近现代超级工程历史年代时间轴图》《世界古代、近现代超级工程历史年代时间轴图》等。

马克思主义者认为，决定生产力高低的要素有三个：一是劳动者；二是劳动资料；三是劳动对象。"超级工程研究"筛选入列的人类代表性超级工程，不论是中国古代、近现代超级工程，还是世界古代、近现代超级工程，均与当时人类生产力发展水平和文明发展程度息息相关，与当时王朝兴衰、经济发展和技术水平密不可分。例如，世界四大文明古国、中国三大盛世、欧洲文艺复兴时期、英国工业革命、美国罗斯福新政、社会革命、新中国成立和改革开放、民族复兴、世界全球化等，催生了一大批彪炳史册、可歌可泣的超级工程。

不论是中国古代、近现代超级工程，还是世界古代、近现代超级工程，均具有"先进、先行、先导、先锋"四大作用；具有"文明迁徙、需求拉动、演化渐进、经济基础（国家或王朝兴盛、物质财富、社会稳定）、科技进步、自然力影响"六大规律；具有"决策者青睐、统治者喜好、时代大势选择、同道模仿与竞争（超高层建造）、民间创造与积累（坎儿井）、贪大求奇"六大特点。

超级工程的作用、规律和特点充分体现了超级工程建造的民族文化特征、时代印记和地域特色，成为人们认可、学习、推崇的不朽经典，成为人们永远的记忆，虽被历史时间长河洗刷而不褪色，朝代更替而不倒，这就是超级工程的真正价值所在。

著名冶金学家、中国工程院院士殷瑞钰说："工程是现实的生产力"。那么超级工程也是"现实的生产力"。人们常讲：将科学技术转化为现实的生产力，将知识和技术转化为现实的生产力，将实践产生的宝贵经验转化为现实的生产力，恰恰是超级工程建造最科学的结论。

超级工程集中体现了现实的生产力，体现了知识和技术，体现了宝贵的实践经验。可以说任何一项超级工程，都是知识、技术和实践经验的集大成者，都是那个时代现实生产力的集中表现，都为那个时代留下不可磨灭的痕迹和永久的记忆，都为那个时代刻上了历史的烙印。

  "超级工程研究"在中国乃至世界，被誉为是填补空白的一项学术研究，具有重大的现实意义和学术价值。为此，作为超级工程研究团队成员，心情激动，浮想联翩，通过系统的超级工程研究，书写人类社会建造超级工程的辉煌历史，讴歌建造超级工程的伟大时代，歌颂劳动人民建造超级工程的丰功伟绩，赞颂工程技术人员建造超级工程的聪明才智，指导未来超级工程的科学建造。

  衷心感谢"超级工程研究"团队和"超级工程丛书"撰写团队的全体专家学者！

  特别感谢东北大学工业智能与系统优化国家级前沿科学中心、中国石油天然气集团有限公司、清华大学等骨干研究团队的全体专家学者！

胡文瑞

2022 年 3 月 8 日于北京丰和园第一稿

2022 年 11 月 11 日于北京六铺炕第二稿

2023 年 2 月 25 日于三亚鹿回头终稿

中国工程院
Chinese Academy of Engineering

中国工程院重大战略研究与咨询项目
中国石油国家高端智库重点支持项目

公元前

10000—1840

多年

公元

年

中国古代超级工程

历史年代时间轴图

以历史年代为顺序

公元前 **10000** 多年 —— 公元 **1840** 年

中国古代超级工程历史年代时间轴图以"千里江山图"为设计理念。在超过1万年的时间里，110项超级工程就如同一座座大山一样矗立在历史的长河中，层峦叠嶂、美不胜收，构成了中国古代超级工程的"千里江山图"。

CHINA'S ANCIENT MEGA PROJECT TIMELINE

工程是人类改造自然的伟大创造，而超级工程就是人类改造自然伟大创造的巅峰之作，是人类社会文明进步的旗帜性标志，堪称皇冠上一颗颗璀璨夺目的明珠。

*源自胡文瑞在南京"2023年全国企业管理创新大会"（4月12日）上报告《工程造物活动实践》

设计团队： 唐人文化
TANGREN CULTURE

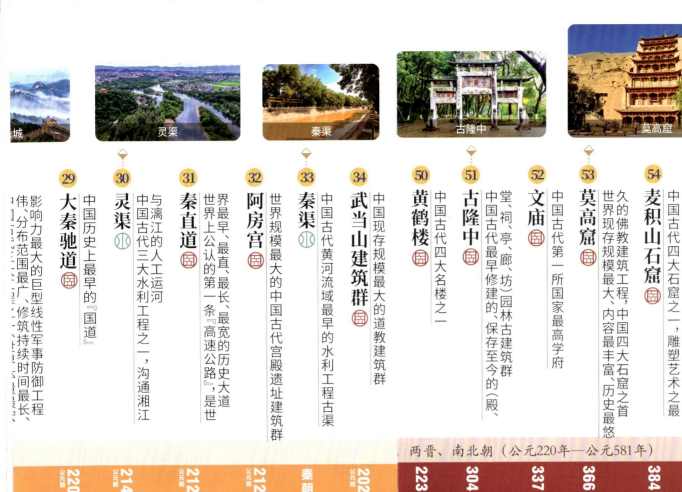

长城 | 灵渠 | 秦渠 | 古隆中 | 莫高窟

29 大秦驰道
影响力最大的巨型线性军事防御工程伟大，分布范围最广、修筑持续时间最长、

30 灵渠
中国历史上最早的『国道』

31 秦直道
与漓江的人工运河中国古代三大水利工程之一，沟通湘江

32 阿房宫
世界最早、最直、最长、最宽的历史大道世界上公认的第一条『高速公路』，是世

33 秦渠
世界规模最大的中国古代宫殿遗址建筑群

34 武当山建筑群
中国古代黄河流域最早的水利工程古渠

50 黄鹤楼
中国现存规模最大的道教建筑群

51 古隆中
中国古代四大名楼之一

52 文庙
堂、祠、亭、廊、坊）园林古建筑群中国古代最早修建的、保存至今的（殿、

53 莫高窟
中国古代第一所国家最高学府

54 麦积山石窟
久的佛教建筑工程，中国四大石窟之首世界现存规模最大、内容最丰富、历史最悠

55 云冈石窟
中国古代四大石窟之一，雕塑艺术之最

古代石窟群
中国古代四大石窟之一，规模最大的

两晋、南北朝（公元220年—公元581年）

| 公元前220 | 公元前214 | 公元前212 | 公元前212 | 秦朝 | 公元前202 | 223 | 304 | 337 | 366 | 384 | 460 |

| 11-13世纪 | 1061 | 1056 | 1041 | 910 | 唐朝 | 833 | 582 | 557 | 508 | 493前后 | 491 |

82 福建土楼
建筑群中，共有 46 座土楼世界最古老和最年轻的土楼都在此土楼

81 蓬莱阁
中国古代四大名楼之一

80 应县木塔
世界古代现存最古老、最高大的木塔

79 洛阳桥
跨海梁式石桥中国古代最早的、迄今为止保存完整的

78 捍海石塘
海塘工程中国古代最早的、迄今为止保存完整的

77 西湖断桥
中国西湖众多桥梁中名气最大的桥梁

76 它山堰
中国古代首次使用块石砌筑的重力型拦

60 隋唐长安城
的，唯一一个有上百万人口的国际都城世界规模最大、建筑最宏伟、布局最规范

59 鹳雀楼
著名建筑中国古代唯一采用唐代彩画艺术恢复的

58 嵩岳寺塔
中国现存的古代最早的砖塔工程

57 龙门石窟
中国古代四大石窟之一世界古代造像最多、规模最大的皇家石窟，

56 悬空寺
建造在悬崖峭壁上的寺庙世界现存唯一的佛、道、儒三教合一的，

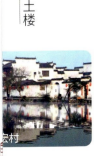
宏村

洛阳桥

鹳雀楼

龙门石窟

大创造

城头山遗址工程

前 4450 年

中国目前唯一发现的、时代最早、保护最完整的古城遗址，是"中国最早的城市"

城头山遗址是具有6000多年历史的国际知名"中国第一城"，遗址区内发现了迄今世界最早、保存完好的水稻田。中国最早的大型祭坛，以及严格规划、统一修造的城墙、城壕和护城河遗址系统。城头山遗址代表了长江流域新石器时代古文明的发展高度，与素称中华文明摇篮的黄河流域古文明相比，毫不逊色，且年代更早。

殷墟

前 1319 年

中国古代早期宫殿建筑的先进水平的代表

殷墟在20世纪初因发掘甲骨文而闻名于世，先后出土约15万片有字甲骨，是中国至今第一个有文献可考证，并为考古学和甲骨文所证实的都城

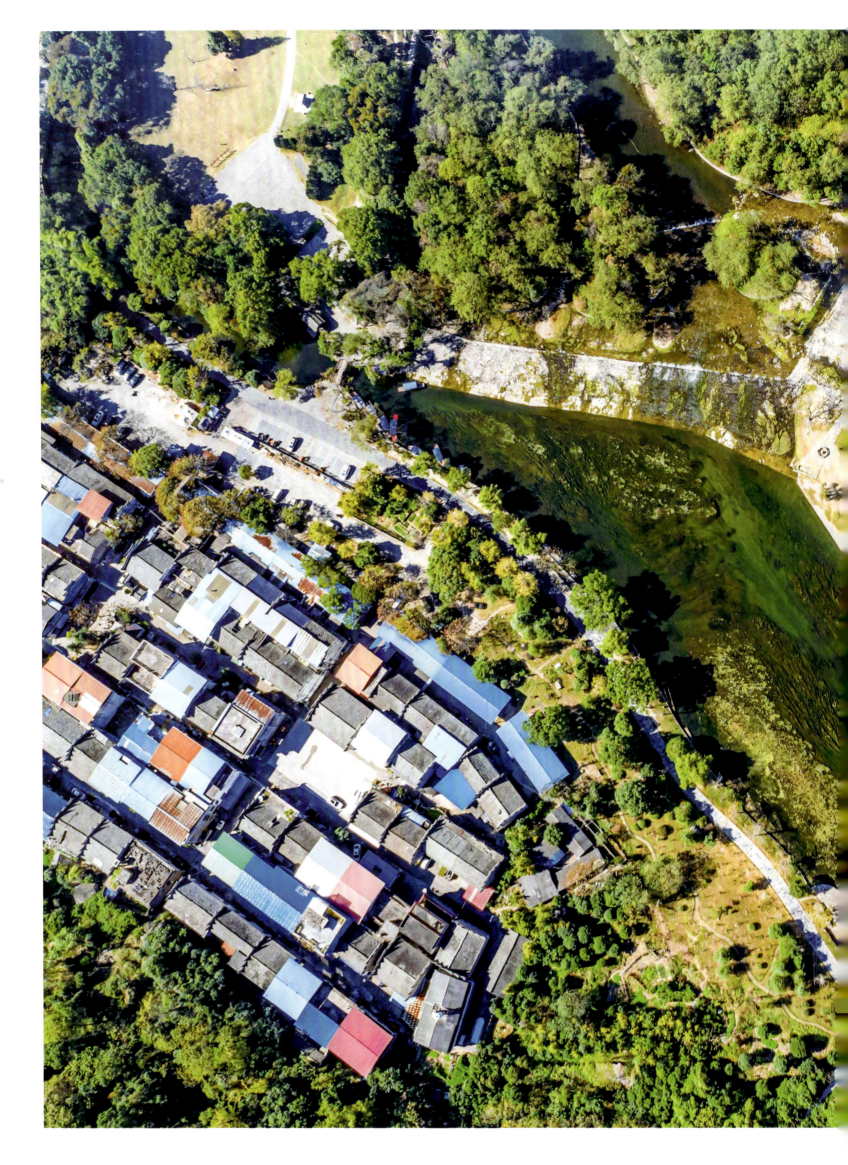

灵渠

前 214 年

中国古代三大水利工程之一，沟通湘江与漓江的人工运河

灵渠开凿于秦代，是秦始皇在征讨过程中运输粮食物资所开凿的运河。它沟通了湘江与漓江两条河流，联通了长江与珠江两大流域，是世界上最古老的人工运河之一，为跨流域水路交通提供了巨大的便利，有着"世界古代水利建筑明珠"的美誉。

曲阜三孔

前 478 年

世界上规模宏大、延续时间最长的家族建筑工程群

曲阜三孔是从最初的孔子旧宅一步步扩建到如今的庞大规模，是一组具有东方建筑特色、规模宏大、气势雄伟的古代建筑群，主要包括孔庙、孔府和孔林。

高句丽王城

前 37 年

世界都城建筑史上首次出现的都城与陵寝（7000余座）复合式的王都

高句丽是西汉到隋唐时期在中国东北地区出现的一个有重要影响的边疆民族，王城文化遗址包含有高句丽政权早中期的3座王城、14座王陵和26座贵族墓葬。立国7个世纪之久的高氏高丽最终消失在中国历史的长河中，唯有王朝遗址依然矗立在中国的东北方，留给后人无尽的遐想。

襄阳护城河

前 201 年

中国古代亚洲最宽护城河。
襄阳城城北依靠汉水天堑，因此在城池的东、南、西三面开凿了护城河。襄阳城曾发生过有史料可考的大大小小战役200多次，有城河相护，据水守城，固若金汤，护城河的平均宽度就超过了180米，最宽处达到250米，是亚洲最宽的人工护城河。

石峁遗址

前 2200 年

中国已发现的龙山晚期到夏早期规模最大、功能最齐全、体系最完整的城防工程遗址

石峁遗址是目前中国史前时期最大的城址，被誉为"石破天惊"的重大考古发现，并入选"2012年十大考古新发现""世界十大田野考古发现"及"二十一世纪世界重大考古发现"。

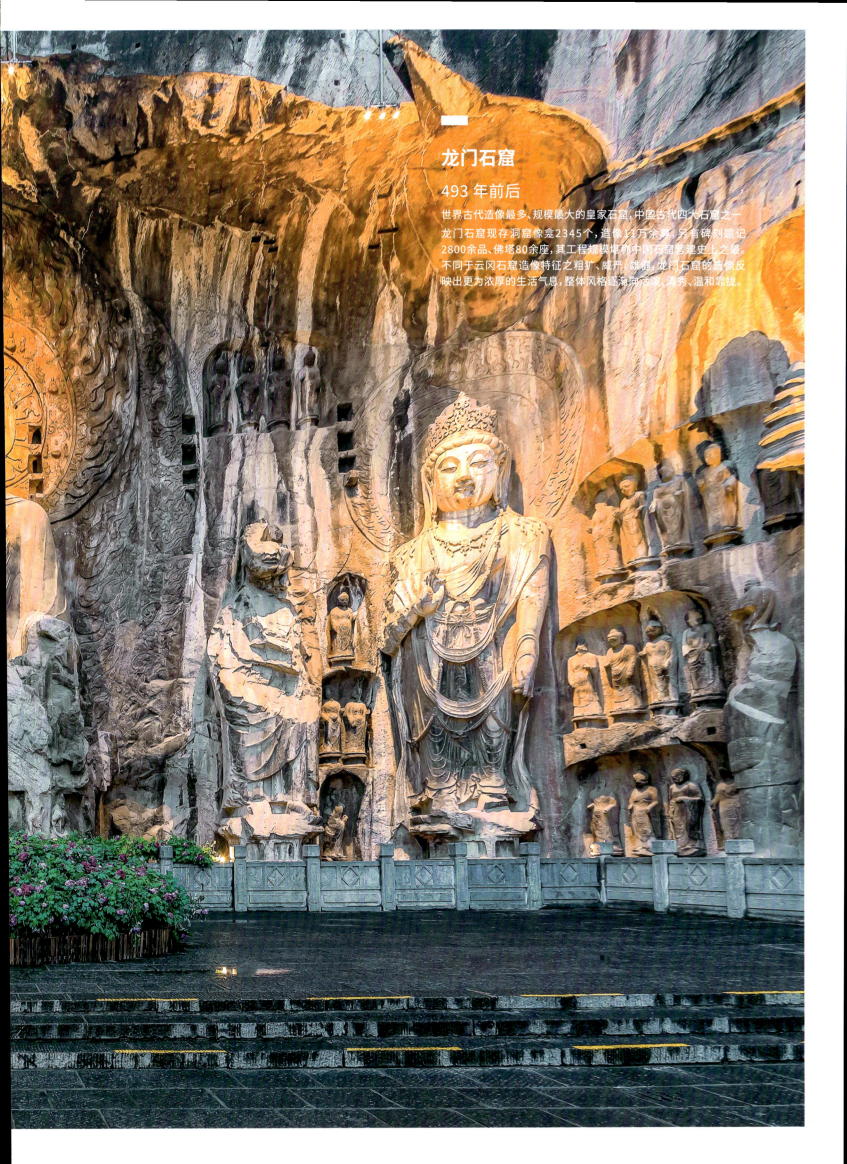

龙门石窟

493 年前后

世界古代造像最多、规模最大的皇家石窟，中国古代四大石窟之一。龙门石窟现存洞窟像龛2345个，造像11万余尊，另有碑刻题记2800余品、佛塔80余座，其工程规模堪称中国石窟艺术建史上之最。不同于云冈石窟造像特征之粗犷、威严、雄姚，龙门石窟的造像反映出更为浓厚的生活气息，整体风格逐渐趋向活泼、清秀、温和靠拢。

应县木塔

1056 年

世界古代现存最古老、最高大的木塔

应县木塔全称为佛宫寺释迦塔，与意大利比萨斜塔、巴黎埃菲尔铁塔并称"世界三大奇塔"。应县木塔屹立千年，全靠斗拱、柱梁巧妙镶嵌穿插吻合，不用钉不用铆。全塔共应用54种斗拱，被称为"中国古建筑斗拱博物馆"。

涉县旱作梯田

元代初期
中国古代高差最大、石堰长度最长、全人工
修建的农业工程

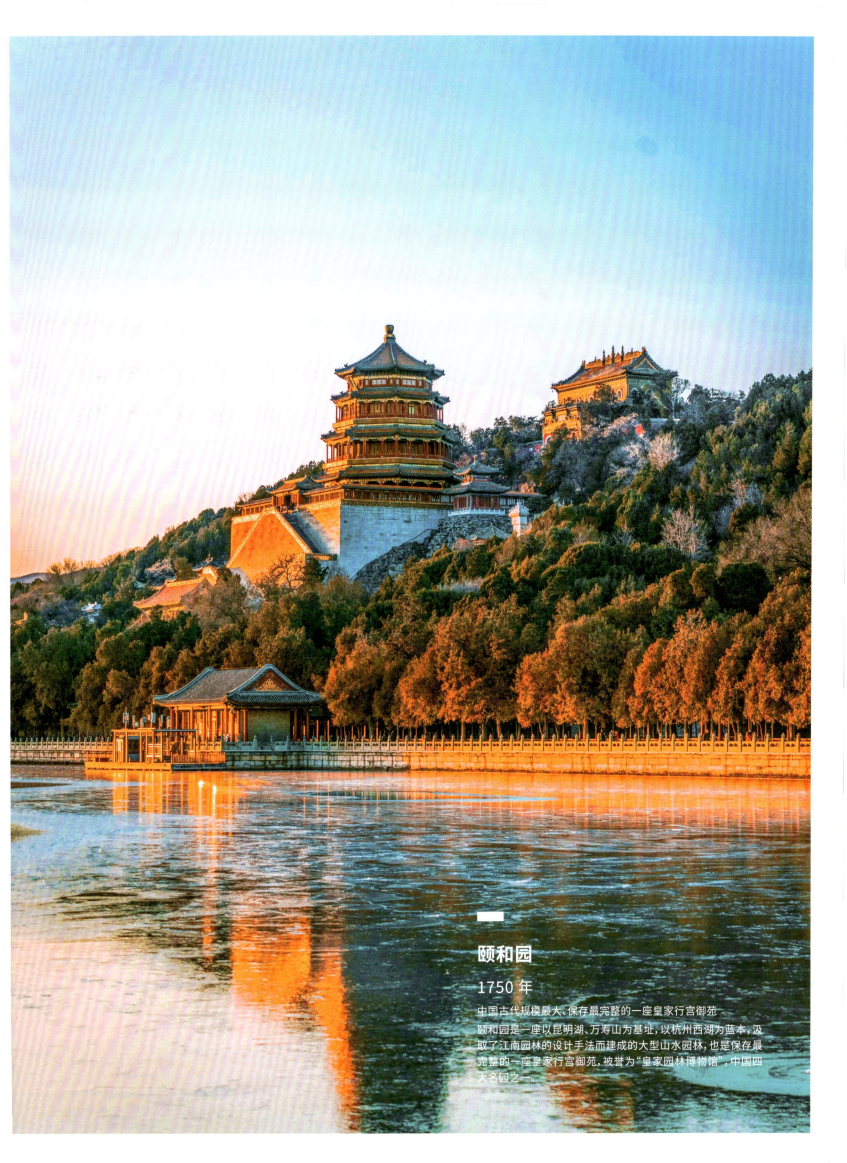

颐和园

1750 年

中国古代规模最大、保存最完整的一座皇家行宫御苑

颐和园是一座以昆明湖、万寿山为基址,以杭州西湖为蓝本,汲取了江南园林的设计手法而建成的大型山水园林,也是保存最完整的一座皇家行宫御苑,被誉为"皇家园林博物馆",中国四大名园之一。

洛阳桥

1041 年

中国古代最早的、迄今为止保存完整的跨海梁式石桥

洛阳桥被著名桥梁学家茅以升称为"福建桥梁的状元",也是古代海上丝绸之路起点的标志性建筑之一。洛阳桥首创"筏型基础"技术、"种蛎固基法"和"浮运架梁法",对世界桥梁工程的发展具有重要的贡献。

福建土楼

11 世纪至 13 世纪

世界最古老和最年轻的土楼都在此土楼建筑群中，共有 46 座土楼。
土楼的建筑材料往往是就地取材，由红壤（生土）为主要建筑材料，
掺上杉木条、鹅卵石、石灰、细砂、竹片、糯米粉汤、红糖、蛋清等，以
建造外墙厚达一米至二米的土楼，使其可以抵御野兽或盗贼攻击，
亦有防火抗震及冬暖夏凉等功用。

沈阳故宫

1625 年

中国古代东北地区唯一的宫殿建筑群

沈阳故宫是清王朝的第一座帝王宫殿建筑群，共经历了努尔哈赤、皇太极和乾隆三个建造时期，号称"大清发祥地，两代汗王宫"，被誉为"国初圣迹"，面积约为北京故宫的十分之一。

圆明园

1707 年

中国园林建筑艺术史上的巅峰之 作, 称之为"万园之园"

圆明园是清朝康雍乾盛世辉煌的历史见证, 是世界古典园林的巅峰之作, "园中有园"、"景中有景"、"依山傍水"、"山水相依"是圆明园建筑布局的显著特色。

中国工程院重大战略研究与咨询项目
中国石油国家高端智库重点支持项目

中国近现代超级工程

历史年代时间轴图

以历史年代为顺序

1840年 —— 2020年

中国近现代超级工程历史年代时间轴图以"千里江山图"为设计理念。在182年的时间里,299项超级工程就如同一座座大山一样矗立在历史的长河中,层峦叠嶂、美不胜收,构成了中国近现代超级工程的"千里江山图"。

CHINA'S MODERN AND CONTEMPORARY MEGA PROJECT TIMELINE

工程是人类改造自然的伟大创造,而超级工程就是人类改造自然伟大创造的巅峰之作,是人类社会文明进步的旗帜性标志,堪称皇冠上一颗颗璀璨夺目的明珠。

*源自胡文瑞在南京"2023年全国企业管理创新大会"(4月12日)上报告《工程造物活动实践》

设计团队:唐人文化 TANGREN CULTURE

是人类

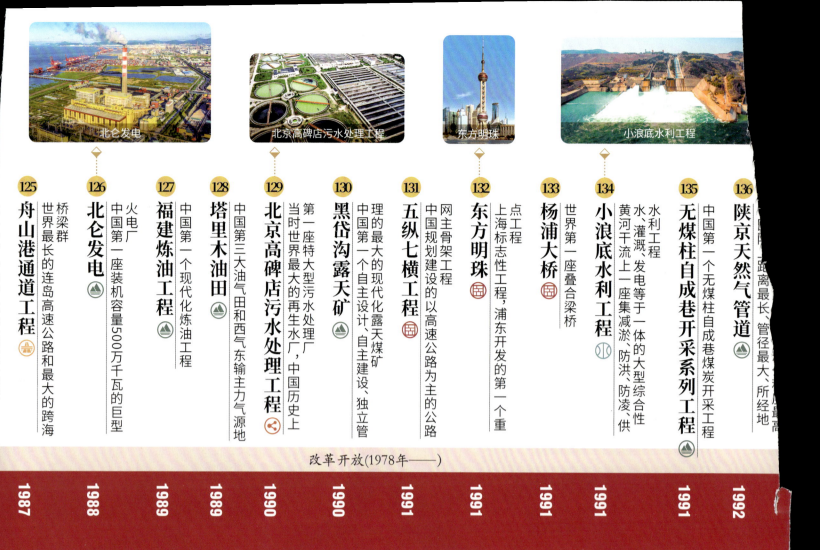

北仑发电　　北京高碑店污水处理工程　　东方明珠　　小浪底水利工程

125 舟山港通道工程
桥梁群
世界最长的连岛高速公路和最大的跨海

126 北仑发电
火电厂
中国第一座装机容量500万千瓦的巨型

127 福建炼油工程
中国第一个现代化炼油工程

128 塔里木油田
中国第三大油气田和西气东输主力气源地

129 北京高碑店污水处理工程
第一座特大型污水处理厂
当时世界最大的再生水厂，中国历史上

130 黑岱沟露天矿
理的最大的现代化露天煤矿
中国第一个自主设计、自主建设、独立管

131 五纵七横工程
网主骨架工程
中国规划建设的以高速公路为主的公路

132 东方明珠
点工程
上海标志性工程，浦东开发的第一个重

133 杨浦大桥
世界第一座叠合梁桥

134 小浪底水利工程
水利工程
水、灌溉、发电等于一体的大型综合性
黄河干流上一座集减淤、防洪、防凌、供

135 无煤柱自成巷开采系列工程
中国第一个无煤柱自成巷煤炭开采工程

136 陕京天然气管道
中国……距离最长，管径最大、所经地

改革开放(1978年——)

| 1987 | 1988 | 1989 | 1989 | 1990 | 1990 | 1991 | 1991 | 1991 | 1991 | 1991 | 1992 |

| 2003 | 2003 | 2003 | 2002 | 2002 | 2002 | 2002 | 2002 | 2001 | 2001 | 2001 | 2000 | 2000 |

178 苏通长江公路大桥
建设条件最复杂的特大型桥梁工程
中国当时建桥史上工程规模最大、综合

177 杭州湾跨海大桥
中国当时最长的跨海大桥

176 陕北能源化工基地
中国唯一国家级能源化工基地

175 赛科乙烯工程
中国最大的中外合资乙烯工程

174 蛟龙号
中国第一艘深海载人潜水器

173 北煤南运
中国最大的北煤南运战略性铁路工程

172 南水北调
中国最大的跨流域战略性惠民水利工程

171 北京夏季奥运工程
单体建筑
水立方为代表的世界独一无二的大型
第29届夏季奥运会的建筑群，以鸟巢

170 青藏铁路
程最长、克服了世界级困难的高原铁路
世界上海拔最高、线路最长、穿越冻土里

169 终南山隧道
隧道建设之最
单向公路隧道，创造了中国高速公路
中国自行设计施工的世界最长双洞

168 国家大剧院
的最高殿堂
亚洲最大的剧院，中国国家表演艺术

167 东方超环
的
核聚变实验装置
世界上第一个全超导非圆截面托卡马

166 中亚天然气管道
然气
管道
中外合资修建的第一条长距离跨国天

湾跨海大桥

蛟龙号

青藏铁路

国家大剧院

马尾造船

1866 年

中国近代第一家专业造船厂，为当时远东地区之最，被称为"福建船政"

马尾造船厂，坐落于福州的马尾港区，靠近闽江河口。它创造了很多第一，包括第一艘千吨级商船"万年青"、远东最大的巡洋舰"扬武"、第一艘铁甲舰"威远"、第一艘钢甲舰"平远"、第一艘鱼雷舰"广乙"，以及第一架折叠式水上飞机"甲型一号"。在超过30年的时间里，马尾造船厂为清朝建造了44艘舰船，总吨位达到57550吨，占当时国内造船总量的82%。

汉阳铁厂

1890 年

当时中国第一家，也是最大的钢铁联合企业，被称为"汉阳铁厂"

汉阳铁厂由张之洞一手创办，是中国近代最早的官办钢铁企业，亦是当时亚洲最大的钢铁联合企业，居世界第二位。汉阳铁厂是中国近代工业化的先声，寄托着清政府的复兴梦想。

抚顺西露天煤矿

1914 年

中国近代第一座机械化采煤的露天矿。

抚顺西露天煤矿是中国第一座大型机械化露天煤矿，也是世界第七大露天煤矿。整个煤矿占地面积约十平方公里，相当于半个澳门的大小，坑口最深达到四百多米，是亚欧大陆境内陆地最低点所在。

318国道

1950 年

当时中国最长的国道

318国道全称为上海—聂拉木公路，被中国国家地理杂志在2006年评为"中国人的景观大道"，也被人们奉为"公路旅行的极致"。同时由于沿路高山、大河、绝壁、荒漠等复杂地形且气候多变，也被世界地理学家称为"世界上最危险的公路"。

上海石化工程

1972 年

中国最大的炼油化工一体化综合性石油化工企业

上海石化工程是20世纪70年代我国第一批从国外引进化工化纤生产装置和技术的国家重点建设工程之一，为国家提供了大量的有效供给，为解决全国人民的穿衣问题，促进我国纺织、轻工、化工、现代农业、航空、建材、包装等产业的快速发展作出了"金山贡献"。

酒泉卫星发射中心

1958 年

中国创建最早、规模最大的综合型导弹、卫星发射中心

酒泉卫星发射中心由技术区、发射区、试验指挥区、首区测量区、试验协作区以及航天员区组成。它汇集了世界领先的科学技术，采用了垂直总装、垂直测试和垂直转运的"三垂"模式，以及远距离测试发控系统，具备同时测试一发、装配一发的功能。

天问一号

2016年
中国首个火星探测器

走近核潜艇　探秘撒千妙

"长征一号"核潜艇

1968 年

中国自行设计建造的第一艘核潜艇

"长征一号"是中国自主研发的091型攻击型核潜艇，于1974年8月1日正式成为中国海军的一员，这标志着中国成功跻身世界上拥有核潜艇技术的五大国之列。

鸳鸯池水库

1943 年

民国时期修建的国内第一座大型土坝蓄水工程

□□水库，坐落于甘肃省酒泉市肃州区与金塔县之间，因其位于□□□□戈壁而被称为"塞上明珠"。鸳鸯池水库为周边区域□□□□□稳定的灌溉，这片土地因此成为了沙漠中璀□□□□源的涵养功能。

秦山核电站

1985 年

中国自行设计、建造的第一座核电站

秦山核电站，位于浙江省嘉兴市海盐县，是中国首座自行设计、建造并运营的30万千瓦级压水堆式核电站。该核电站的建成不仅打破了中国大陆无核电站的历史，而且标志着中国核电事业的起步，被誉为"国之光荣"。

东风一号

71947

11162

72216

轰-6 飞机研发工程

1963 年

中国最大的轰炸机，被誉为空军轰炸力量的核心

歼-8 飞机研发工程

1964 年

中国首个自行研制的高空高速战斗机，被誉为中国航空工业发展
史上一座重要的里程碑

塔里木沙漠公路

1993 年

世界最长的贯穿流动沙漠的等级公路，是中国最早的沙漠公路

由于多风，塔里木的沙丘每年移动约20米，公路随时都有被流沙吞噬的危险。为了减小沙尘对公路的影响，防护林生态工程栽植苗木总量达到1800余万株，林带总面积3000余公顷，被新疆民众称为"幸福路"，为促进新疆经济发展和政治稳定将发挥重要作用。

FAST工程

2011 年

世界口径最大、灵敏度最高的单口径射电望远镜

FAST工程,又称"中国天眼",是中国科学院国家天文台的一座射电望远镜,它的反射面由4450面平均边长11米的三角形(边缘部分为矩形)铝合金面板组成,每个面板又由100个小三角形面板拼接而成,通过2250根下拉索和2250个促动器实现面板的指向和主动变形。

南海岛礁工程

2013 年

中国建造的规模最大的岛礁工程

南海是中国面积最大、资源最丰富、战略地位最显著的海域。从
2013年起中国陆续启动南海的扩礁造岛工程，其中永暑岛、诸碧
岛和美济岛这三大人工岛在南海腹地形成大三角，互相支撑，对于
维护中国国家主权、领土完整和海洋权益发挥了重要作用。

辽宁舰

2005 年

中国第一艘航母

辽宁舰是中国人民解放军海军第一艘可以搭载固定翼飞机的001
型航空母舰,是中国海军现代化进程中的一座重要里程碑,标志着
中国在高端军事装备领域取得了重大突破,极大地提升了国家的
军事能力和国际地位。

容量最大、聚
"一带一路"倡议的重要节点
工程。

神舟五号

2003 年

中国载人航天工程发射的第五艘飞船，第一艘载人航天飞船

神舟五号飞船载着航天员完成了我国首次载人航天飞行任务，突破和掌握了载人天地往返技术，标志着我国成为世界上第三个独立掌握载人航天技术的国家，实现了我国载人航天工程第一步任务目标。

超级工程名录

中国古代超级工程排行榜

中国古代超级工程排行榜时间从原始社会到1840年，共诞生了110项超级工程（见中国古代超级工程历史年代时间轴图），其中公元618年至907年的290年间（唐朝）共12项超级工程，占10.91%，衡定了唐朝在建设中国超级工程高峰期的历史地位。陕西省的中国古代超级工程共17项，占15.45%，为古代超级工程建设最多的省份。古代超级工程项目中，土木工程占比最多，共87项，占79.09%，奠定了土木工程在中国古代工程建设的重要地位。而土木工程中建筑相关工程最多，共62项，占土木工程的71.26%，占总项目的56.36%，如表1所示。

表1　中国古代超级工程排行榜（按时间排序）

序号	名称	类型	年代	朝代	入选理由	评分
1	万年稻作	其他工程	公元前10000多年	史前	世界稻作起源地，开创了稻作文化的先河	88.52
2	城头山遗址工程	土木工程（建筑）	前4450年	史前	中国目前唯一发现的、时代最早、保护最完整的古城遗址，是"中国最早的城市"	87.09
3	施岙古稻田遗址	其他工程	前4000到前2500多年	史前	中国面积最大的古稻田工程遗址	87.47
4	半坡遗址	土木工程（建筑）	前4000多年	史前	中国有记载的最早村落工程遗址	88.24
5	青城墩遗址	土木工程（建筑）	前3000多年	史前	中国新石器时代起源阶段的典型建筑遗址	87.38
6	良渚古城与水利工程	土木工程（建筑）	前3300年至前2300年	史前	世界人类早期城市文明的古城遗址	88.73
7	三星堆遗址	土木工程（建筑）	前2500至前800年	史前	中国迄今为止在西南地区发现的范围最大、延续时间最长的古城、古国、古蜀文化遗址工程	91.83
8	陶寺遗址	土木工程（建筑）	前2300年	史前	中国已发现的功能最齐全的大型城市遗址工程	86.29
9	石峁遗址	土木工程（建筑）	前2200年	夏朝	中国已发现的龙山晚期到夏早期规模最大、功能最齐全、体系最完整的城防工程遗址	87.67
10	殷墟	土木工程（建筑）	前1319年	商朝	中国古代早期宫殿建筑的先进水平的代表	90.21
11	山西晋祠	土木工程（建筑）	前1099年至前1033年	西周	中国古代现存最早的古典宗祠园林建筑群	87.66
12	平遥古城	土木工程（建筑）	前827年至前782年间	西周	中国古代汉民族地区现存最完整的古城	89.16

续表

序号	名称	类型	年代	朝代	入选理由	评分
13	苏州园林	土木工程（建筑）	前6世纪	春秋	世界造园史上规模最大、具有独特的历史地位和重大文化艺术价值的建筑群	91.63
14	黄河大堤	水利工程（防洪除涝）	前623年	春秋	中国古代黄河下游重要的防洪工程	91.00
15	安丰塘	水利工程（天然水收集）	前613年	春秋	中国古代最早的大型陂塘灌溉工程	86.98
16	花山岩画	土木工程（建筑）	前5世纪	春秋	中国目前发现的单体最大、内容最丰富、保存最完好的一处岩画	85.81
17	广府古城	土木工程（建筑）	前594年	春秋	中国春秋时期开始建设，现保存最完好的带有军事防御工程的古城	85.92
18	古江南河	水利工程（运河）	前514年	春秋	中国大运河中开凿较早、连续运用时间最长的河段	86.61
19	邗沟	水利工程（运河）	前486年	春秋	隋唐大运河最早开凿的河道	87.76
20	曲阜三孔	土木工程（建筑）	前478年	春秋	世界上规模宏大、延续时间最长的家族建筑工程群	88.40
21	阆中古城	土木工程（建筑）	前314年	战国	中国古代至今保存完整的巴国蜀国古城	86.61
22	白起渠	水利工程（天然水收集）	前279年	战国	中国古代最早的引水工程	86.46
23	都江堰	水利工程（防洪除涝）	前256年	战国	世界迄今为止年代最久远、唯一留存和使用、以无坝引水为特征的宏大水利工程	94.19
24	秦始皇陵	土木工程（陵墓）	前247年	战国	中国历史上第一座规模庞大、设计完善的帝王陵寝工程	95.18
25	秦始皇兵马俑	制造工程（装备制造）	前246年	战国	世界最早的、规模宏大的兵马俑坑	95.12
26	郑国渠	水利工程（天然水收集）	前246年	战国	中国古代最早在关中建设的大型水利工程	89.66
27	西江千户苗寨	土木工程（建筑）	原型始于战国时期	战国	世界最大的、中国最早的苗族聚居村寨	86.98
28	万里长城	土木工程（建筑）	前221年	秦朝	中国古代三大工程之一，世界体量最宏伟、分布范围最广、修筑持续时间最长、影响力最大的巨型线性军事防御工程	96.94
29	大秦驰道	土木工程（公路）	前220年	秦朝	中国历史上最早的"国道"	88.83
30	灵渠	水利工程（运河）	前214年	秦朝	中国古代三大水利工程之一，沟通湘江与漓江的人工运河	87.47

序号	名称	类型	年代	朝代	入选理由	评分
31	秦直道	土木工程（公路）	前212年	秦朝	世界上公认的第一条"高速公路"，是世界最早、最直、最长、最宽的历史大道	87.69
32	阿房宫	土木工程（建筑）	前212年	秦朝	世界规模最大的中国古代宫殿遗址建筑群	91.61
33	秦渠	水利工程（运河）	秦朝	秦朝	中国古代黄河流域最早的水利工程古渠	87.38
34	武当山建筑群	土木工程（建筑）	前202年	西汉	中国现存规模最大的道教建筑群	88.25
35	丝绸之路	土木工程（公路）	前202年	西汉	世界古代最早、最长、最重要的东西方文明交流的驿站陆路工程	91.74
36	汉长安城	土木工程（建筑）	前202年	西汉	当时世界规模最大的都市	90.66
37	襄阳护城河	水利工程（防洪除涝）	前201年	西汉	中国古代亚洲最宽护城河	88.05
38	未央宫	土木工程（建筑）	前200年	西汉	中国古代规模最大的宫殿建筑工程，汉长安城的重大标志	89.30
39	岱庙	土木工程（建筑）	前140年	西汉	中国泰山历史上延续时间最长、保存最完整的古建筑群	87.46
40	崂山太清宫	土木工程（建筑）	前140年	西汉	中国古代华东地区最大的道教建筑	85.94
41	茂陵	土木工程（陵墓）	前139年	西汉	中国汉代规模最大、陵寝最高、修建时间最长的帝王陵墓群	87.75
42	龙首渠	水利工程（天然水收集）	前120年	西汉	中国古代第一条地下水渠工程	87.12
43	高句丽王城	土木工程（建筑）	前37年	西汉	世界都城建筑史上首次出现的都城与陵寝（7000余座）复合式的王都	86.81
44	六门陂	水利工程（天然水收集）	前34年	西汉	中国古代最早具备排水、蓄水、灌溉功能的水利工程体系	85.07
45	坎儿井	水利工程（天然水收集）	前1世纪	西汉	世界古代规模最大、最复杂的地下水利工程	89.35
46	五台山建筑群	土木工程（建筑）	公元69年	南北朝	中国古代现存最早、规模最大的木结构佛教建筑群	88.93
47	鉴湖	水利工程（水资源管理）	140年	东汉	中国古代人工筑成的最大水库	85.73
48	岳阳楼	土木工程（建筑）	215年	东汉	中国古代四大名楼之一	89.21
49	天地之中建筑群	土木工程（建筑）	从汉至清	汉朝	中国古代跨度最长、建筑种类最多、规格最高的古代建筑群	88.01

续表

序号	名称	类型	年代	朝代	入选理由	评分
50	黄鹤楼	土木工程（建筑）	223 年	三国	中国古代四大名楼之一	89.03
51	古隆中	土木工程（建筑）	304 年	三国	中国古代最早修建的、保存至今的（殿、堂、祠、亭、廊、坊）园林古建筑群	86.79
52	文庙	土木工程（建筑）	337 年	东晋	中国古代第一所国家最高学府	86.54
53	莫高窟	土木工程（石窟）	366 年	东晋	世界现存规模最大、内容最丰富、历史最悠久的佛教建筑工程，中国四大石窟之首	92.87
54	麦积山石窟	土木工程（石窟）	384 年	后秦	中国古代四大石窟之一，雕塑艺术之最	89.33
55	云冈石窟	土木工程（石窟）	460 年	北魏	中国古代四大石窟之一，规模最大的古代石窟群	91.21
56	悬空寺	土木工程（建筑）	491 年	北魏	世界现存唯一的佛、道、儒三教合一的、建造在悬崖峭壁上的寺庙	89.32
57	龙门石窟	土木工程（石窟）	493 年前后	北魏	世界古代造像最多、规模最大的皇家石窟，中国古代四大石窟之一	91.44
58	嵩岳寺塔	土木工程（建筑）	508 年	北魏	中国现存的古代最早的砖塔工程	87.81
59	鹳雀楼	土木工程（建筑）	557 年	北周	中国古代唯一采用唐代彩画艺术恢复的著名建筑	87.61
60	隋唐长安城	土木工程（建筑）	582 年	隋朝	世界规模最大、建筑最宏伟、布局最规范的唯一一个有上百万人口的国际都城	90.90
61	关帝庙	土木工程（建筑）	589 年	隋朝	中国现存规模最大的宫殿式道教建筑群和武庙	87.35
62	赵州桥	土木工程（桥梁）	595 年	隋朝	世界现存最早、当时跨度最大、保存最完整的单孔石拱桥	89.51
63	隋唐大运河	水利工程（运河）	605 年	隋朝	世界上里程最长、工程最大的古代运河	92.53
64	洛阳城	土木工程（建筑）	605 年	隋朝	中国古代沿用时间最长的都城	88.61
65	永济渠	水利工程（运河）	608 年	隋朝	中国古代 100 多万军民共建的重要调运粮食的渠道	88.31
66	布达拉宫	土木工程（建筑）	7 世纪 30 年代	唐朝	世界古代海拔最高、规模最大的宫殿建筑群	93.64
67	大明宫	土木工程（建筑）	634 年	唐朝	世界古代最辉煌壮丽的、面积最大的宫殿建筑群，是唐长安城的重要标志	90.38
68	昭陵	土木工程（陵墓）	636 年	唐朝	中国古代帝王陵园中规模最大、陪葬墓最多的一座帝王陵墓	88.25

续表

序号	名称	类型	年代	朝代	入选理由	评分
69	大足石刻	土木工程（石窟）	650 年	唐朝	中国古代西南地区造像最多、规模最大、艺术水平最高的石窟	87.71
70	大昭寺	土木工程（建筑）	7 世纪中叶	唐朝	中国古代西藏最早的木结构建筑	87.03
71	滕王阁	土木工程（建筑）	653 年	唐朝	中国古代四大名楼之一	88.46
72	越王楼	土木工程（建筑）	656 年	唐朝	中国唐代高度最高的文化名楼	86.54
73	乾陵	土木工程（陵墓）	684 年	唐朝	中国古代唐十八陵中保存最完好、规模仅次于昭陵的一座帝王陵墓	87.16
74	乐山大佛	土木工程（建筑）	713 年	唐朝	世界最高、最大的石刻佛像	90.42
75	白云观	土木工程（建筑）	741 年	唐朝	中国古代华北地区保存最完整的道观	86.35
76	它山堰	水利工程（防洪除涝）	833 年	唐朝	中国古代首次使用块石砌筑的重力型拦河滚水大坝	85.46
77	西湖断桥	土木工程（桥梁）	唐朝	唐朝	中国西湖众多桥梁中名气最大的桥梁	85.52
78	捍海石塘	水利工程（防洪除涝）	910 年	五代十国	中国古代最早的、迄今为止保存完整的海塘工程	84.54
79	洛阳桥	土木工程（桥梁）	1041 年	北宋	中国古代最早的、迄今为止保存完整的跨海梁式石桥	85.85
80	应县木塔	土木工程（建筑）	1056 年	辽	世界古代现存最古老、最高大的木塔	87.95
81	蓬莱阁	土木工程（建筑）	1061 年	北宋	中国古代四大名楼之一	86.57
82	福建土楼	土木工程（建筑）	11 世纪至 13 世纪	北宋	世界最古老和最年轻的土楼都在此土楼建筑群中，共有 46 座土楼	87.74
83	宏村	土木工程（建筑）	1131 年	南宋	中国现存面积最大、保存最完整的古村落集群建筑群	86.74
84	安平桥	土木工程（桥梁）	1138 年	南宋	中国现存古代最长的海港梁式大石桥，世界古代最长的梁式石桥	85.44
85	广济桥	土木工程（桥梁）	1171 年	南宋	世界古代最早的启闭式桥梁	86.62
86	卢沟桥	土木工程（桥梁）	1189 年	南宋	中国古代现存最古老的石造联拱桥	87.78
87	永乐宫	土木工程（建筑）	1247 年	南宋	中国古代现存最大的、保存最完整的道教宫观	87.56

续表

序号	名称	类型	年代	朝代	入选理由	评分
88	元上都遗址	土木工程（建筑）	1256 年	南宋	中国古代最早的草原都市遗址	86.92
89	海龙囤遗址	土木工程（建筑）	1257 年	南宋	中国古代最早的、保存完好的城堡遗址	86.85
90	丽江古城	土木工程（建筑）	13 世纪后期	南宋	中国古代西南地区最早的、规模最大的古城	89.15
91	涉县旱作梯田	其他工程（农业）	元代初期	元朝	中国古代高差最大、石堰长度最长、全人工修建的农业工程	87.60
92	开平碉楼村落	土木工程（建筑）	1368 年	明朝	中国古代规模最大的碉楼建筑群	86.10
93	明孝陵	土木工程（陵墓）	1381 年	明朝	中国明朝最大的帝王陵寝	88.15
94	郑和宝船	制造工程（装备制造）	1405 年	明朝	世界古代最大的海船	89.98
95	北京故宫	土木工程（建筑）	1406 年	明朝	世界古代现存规模最大、保存最完整的木质结构建筑群	94.50
96	十三陵	土木工程（陵墓）	1409 年	明朝	世界上保存较完整的陵墓建筑和埋葬皇帝最多的墓葬群	90.51
97	天坛	土木工程（建筑）	1420 年	明朝	中国古代现存最大的祭坛建筑群	91.82
98	澳门历史城区	土木工程（建筑）	1488 年	明朝	中国古代现存年代最远、规模最大、保存最完整和最集中的历史城区	87.14
99	明显陵	土木工程（陵墓）	1519 年	明朝	中国明朝帝陵中单体面积最大的皇陵	86.80
100	王家大院	土木工程（建筑）	始建于明末清初	明朝	中国古代最大的、保存完好的民居建筑群	87.18
101	永陵	土木工程（陵墓）	1598 年	明朝	中国古代唯一的地上皇陵	86.91
102	沈阳故宫	土木工程（建筑）	1625 年	明朝	中国古代东北地区唯一的宫殿建筑群	90.14
103	福陵	土木工程（陵墓）	1629 年	清朝	中国东北地区最大的清朝第一座陵墓	85.94
104	清东陵	土木工程（陵墓）	1661 年	清朝	中国现存规模最大、保存最完整的帝王陵墓群	87.45
105	承德避暑山庄	土木工程（建筑）	1703 年	清朝	中国古代现存最大的一座离宫御苑	89.80
106	圆明园	土木工程（建筑）	1707 年	清朝	中国园林建筑艺术史上的巅峰之作，称之为"万园之园"	93.55

续表

序号	名称	类型	年代	朝代	入选理由	评分
107	清西陵	土木工程（陵墓）	1730 年	清朝	中国古代现存规模宏大、保存完整、建筑类型最齐全的帝王陵墓建筑群	88.14
108	罗布林卡	土木工程（建筑）	18 世纪 40 年代	清朝	中国古代西藏规模最大的池苑式宫廷建筑群	87.49
109	颐和园	土木工程（建筑）	1750 年	清朝	中国古代规模最大、保存最完整的一座皇家行宫御苑	93.88
110	乔家大院	土木工程（建筑）	1756 年	清朝	中国古代保存完整的城堡式民居建筑群	87.89

秦始皇兵马俑（陕西）始建于公元前 246 年（秦王政元年），它是世界最早、规模最宏大的兵马俑坑（见表 1 中序号 25），是秦王朝不可一世的缩影，显示了一代始皇帝生前的浩荡武功，是封建帝王权力唯心的重要佐证和象征，也是中国文化艺术宝库中的灯塔。

公元前 202 年，世界古代最早、最长、最重要的东西文明交流的驿站陆路工程——丝绸之路（陕西）（表 1 中的序号 35），开启了古代东方文明与西方文明的交融交汇，创造了世界地区的大发展，儒家思想、佛教、舞蹈、乐器、语言等中西方文化美美与共、交融碰撞，对各民族思想、感情和政治交流产生深远影响。

公元 605 年，世界上里程最长、工程最大的古代运河——隋唐大运河（浙江）（表 1 中的序号 63）开工建设，它是中国古代南北交通大动脉，在中国历史上产生过巨大作用，是中国古代劳动人民创造的一项伟大的水利建筑工程。隋唐大运河不仅在历史上具有保障漕运、促进经济文化交流等重要意义，还在现在的水利资源开发、运河旅游、历史文化研究等方面发挥着相当大的作用，并为今天的我们留下了很多宝贵的文化遗产，具有重要的现实意义。

公元 1406 年，世界古代现存规模最大、保存最完整的木质结构建筑群——北京故宫（表 1 中的序号 95）开工建设，其规模之大、构造之严谨、装饰之精美、文物之众多，在中国古建筑中绝无仅有，是世界著名的皇宫建筑群。无论是其平面布局、立体效果，还是形式上的雄伟、堂皇、庄严、和谐，都堪称无与伦比的杰作。它象征着我国悠久的文化传统，显示着 500 余年前我国在建筑艺术上的卓越成就。

中国近现代超级工程排行榜

中国近现代从 1840 年至 2022 年, 跨越 182 年, 特别是新中国成立之后, 超级工程在社会主义现代化建设的发展过程中发挥着重要的作用且产生了重要影响, 同时, 社会主义现代化促进了超级工程规模、技术水平的提升。中国近现代超级工程见证了不同时期中国政治、经济的发展水平, 以及蕴含的国家实力。因此, 在中国近现代超级工程排行榜的选取过程中, 参考超级工程的选取原则、标准和方法, 同时扩展选取了近现代具有时代特征的超级工程, 目的是全面展示中国超级工程的发展历程和重要里程碑。中国近现代共选取超级工程 299 项 (见中国近现代超级工程历史年代时间轴图), 其中新中国成立后的 70 多年建设了 257 项, 占比达到 85.95%。2001 年至 2010 年的 10 年间见证了中国超级工程建设发展的巅峰期, 共建设 78 项超级工程, 年均 7.8 项, 占总数的 26.09%; 2011 年至 2022 年 12 年间建设的超级工程数量为 54 项, 年均 4.5 项, 占总数的 18.06%, 为中国近现代超级工程建设第二高峰期, 如表 2 所示。

表 2　中国近现代超级工程排行榜 (按时间排序)

序号	名称	类型	建设时间	入选理由	评分
1	安庆军械制造	制造工程 (装备制造)	1861 年	清政府创办最早的以手工制造近代武器的军工作坊, 其中诞生了第一艘轮船"黄鹄"号	87.33
2	江南机器制造	制造工程 (装备制造)	1865 年	清政府洋务派开设的中国近代最大的军火制造工程	88.88
3	金陵机器制造	制造工程 (装备制造)	1865 年	中国近代最大的民族军事工业制造群	88.55
4	马尾造船	制造工程 (装备制造)	1866 年	中国近代第一家专业造船厂, 为当时远东地区之最, 被称为"福建船政"	87.96
5	西兰大道	土木工程 (公路)	1872 年	西北第一条公路, 陕甘总督左宗棠征发民工 2 万多人, 军民一道筑桥梁 41 座, 栽植柳树 26 万多株, 被称为"左公柳"	87.59
6	吴淞铁路	运载工程 (铁路)	1876 年	中国第一条营运铁路	88.25
7	开滦煤矿	能源矿业工程 (矿产)	1878 年	拥有当时亚洲第一、世界第二的洗煤厂	90.17
8	金龙桥	土木工程 (桥梁)	1880 年	中国现存最早、最长、跨度最大、桥面最宽、铁链最多的古代铁链桥, 为金沙江上第一座桥	87.66
9	旅顺港	运载工程 (港口)	1880 年	中国近代第一大军港, 当时世界五大军港之一	91.22
10	唐胥铁路修理厂	制造工程 (装备制造)	1881 年	中国第一家铁路机车车辆工厂	86.34
11	杨树浦水厂	水利工程 (水资源管理)	1881 年	中国供水行业建厂最早, 生产能力最大的地面水厂	87.14
12	刘铭传铁路隧道	土木工程 (隧道)	1887 年	中国最早建成的铁路隧道	87.73

续表

序号	名称	类型	建设时间	入选理由	评分
13	东清铁路机车制造	制造工程（装备制造）	1889 年	中国近代最早、规模最大、技术最先进的机车工厂	87.15
14	汉阳铁厂	制造工程（钢铁）	1890 年	当时中国第一家，也是最大的钢铁联合企业，被称为"汉阳铁厂"	90.39
15	北京丰台站	运载工程（铁路）	1895 年	中国首个普速，后续建为高速双层大型现代化铁路车站	88.45
16	南通大生纱厂	制造工程（装备制造）	1895 年	清末创办的最早一家私营棉纺织企业	87.49
17	京汉铁路	运载工程（铁路）	1897 年	甲午中日战争之后，中国清政府修筑的第一条铁路	89.97
18	陇海铁路	运载工程（铁路）	1904 年	20 世纪初，中国修建的最早、最长的铁路	89.65
19	京张铁路	运载工程（铁路）	1905 年	中国首条自主设计和建造的铁路	90.55
20	南苑机场	土木工程（机场）	1910 年	中国最早修建的机场	88.68
21	石龙坝水电站	水利工程（水电站）	1910 年	中国第一座水电站、第一座抽水蓄能电站、第一条高电压输电线路起点	89.25
22	杨树浦电站	能源矿业工程（电力）	1911 年	中国历史上第一个电厂，标志着中国电力工业的起步	88.75
23	国家博物馆	土木工程（建筑）	1912 年	中国近代世界上单体建筑面积最大的博物馆，是中华文物收藏量最丰富的博物馆之一	89.06
24	抚顺西露天煤矿	能源矿业工程（矿产）	1914 年	中国近代第一座规模最大的露天煤矿	88.77
25	永利制碱制造	制造工程（装备制造）	1920 年	中国第一个化工生产基地，开创了中国化学工业的先河	87.48
26	东三省兵器制造	制造工程（装备制造）	1921 年	中国近代规模最大的兵工厂	89.23
27	耀华玻璃制造	制造工程（装备制造）	1922 年	中国近代第一家大型玻璃制造企业	87.87
28	抚顺石化工程	能源矿业工程（石化）	1928 年	中国近代石化工业的"摇篮"	88.97
29	泾惠渠	水利工程（天然水收集）	1930 年	民国时期最先动工的农田水利工程	86.56
30	上海国际饭店	土木工程（建筑）	1932 年	中国近代上海最早、最大的饭店，被称为 20 世纪 30 年代"远东第一高楼"	87.44

续表

序号	名称	类型	建设时间	入选理由	评分
31	钱塘江大桥	土木工程（桥梁）	1934 年	中国自行设计、建造的第一座双层铁路、公路两用桥	90.74
32	南京永利𨰾厂工程	能源矿业工程（石化）	1934 年	中国第一座化肥厂，当时亚洲最大的化工厂	87.49
33	矮寨盘山公路	土木工程（公路）	1935 年	中国近代湘西第一条公路，是当时难度最大的盘山公路	88.12
34	二十四道拐	土木工程（公路）	1935 年	抗战期间，成为盟军中缅印战区交通大动脉，被誉为"抗战的生命线"	86.98
35	独山子石化工程	能源矿业工程（石化）	1936 年	中国最早的炼油工程	88.01
36	二九八光学仪器制造	制造工程（装备制造）	1936 年	中国近代第一个国营光学仪器厂，是中国光学工业的摇篮	88.10
37	中央机器制造	制造工程（装备制造）	1936 年	中国近代机械工业的摇篮	87.78
38	丰满水电站	水利工程（水电站）	1937 年	当时亚洲最大的水电站，被称为"中国水电之母"	89.20
39	抚顺铝冶炼	制造工程（冶金）	1937 年	中国第一家有色金属冶炼企业	87.48
40	玉门油田	能源矿业工程（石油）	1937 年	中国石油工业的摇篮	89.79
41	黄崖洞兵器制造	制造工程（装备制造）	1939 年	抗战时期华北敌后八路军创建最早、规模最大的兵工厂	88.10
42	鸳鸯池水库	水利工程（天然水收集）	1943 年	民国时期修建的国内第一座大型土坝蓄水工程	87.22
43	沂沭泗河洪水东调南下工程	水利工程（水资源管理）	1949 年	中国近代提高防洪标准的战略性骨干工程	88.63
44	河套灌区工程	水利工程（天然水收集）	1949 年	世界著名灌区，亚洲最大的自流灌区	89.88
45	白云鄂博稀土矿开发工程	能源矿业工程（矿产）	1949 年	世界最大的稀土矿山，被誉为"稀土之乡"	89.60
46	318 国道	土木工程（公路）	1950 年	当时中国最长的国道	89.78
47	大通湖蓄洪垦殖工程	水利工程（防洪除涝）	1950 年	新中国成立后长江流域建立的第一个蓄洪垦殖工程	88.14
48	治黄工程	水利工程（防洪除涝）	1950 年	中国历史上规模最大的治理黄河工程	91.97
49	治淮工程	水利工程（防洪除涝）	1950 年	中国历史上规模最大的治理淮河工程	91.01

序号	名称	类型	建设时间	入选理由	评分
50	成渝铁路	运载工程（铁路）	1950 年	新中国成立后建成的第一条铁路	90.41
51	小恒山立井	能源矿业工程（矿产）	1950 年	中国自行设计、自行施工的第一对现代化中型立井	87.32
52	苏北灌溉总渠	水利工程（防洪除涝）	1951 年	新中国治淮工程中最早兴建的大型排洪通道和灌溉渠道	87.80
53	歼 -5 飞机研发工程	制造工程（装备制造）	1951 年	中国第一个生产喷气战斗机工程，标志着中国成为当时世界上能够成批生产喷气战斗机的国家之一	90.18
54	荆江分洪工程	水利工程（防洪除涝）	1952 年	新中国治理长江的第一个大型水利工程	87.81
55	宝成铁路	运载工程（铁路）	1952 年	中国第一条电气化铁路，当时难度最大的铁路工程	89.45
56	沈阳重型机器制造	制造工程（装备制造）	1953 年	中国最早建立的重型机器制造厂	88.78
57	长春第一汽车制造	制造工程（装备制造）	1953 年	中国第一个汽车制造工业基地	90.34
58	鞍山钢铁	制造工程（钢铁）	1953 年	中国第一个大型钢铁制造工程	91.92
59	大寨梯田	其他工程	1953 年	中国最具代表性的梯田建造工程，被誉为"不可移动文物"	88.26
60	北京铁路枢纽	运载工程（铁路）	1953 年	新中国最大的铁路枢纽	89.28
61	156 项重点工程	其他工程	1953 年	新中国第一个五年计划重点工程，标志着社会主义建设工程的开始，奠定了中国工业化的基础	89.82
62	北江大堤工程	水利工程（防洪除涝）	1954 年	广州市防御西江和北江洪水的重要屏障	88.08
63	兰州炼油	能源矿业工程（石化）	1954 年	新中国第一个大型炼油生产基地	89.18
64	吉林石化	能源矿业工程（石化）	1954 年	新中国第一个大型石油化工基地	89.33
65	武汉长江大桥	土木工程（桥梁）	1955 年	新中国成立后修建的第一座公路、铁路两用的长江大桥	91.06
66	首都国际机场	土木工程（机场）	1955 年	新中国首个民用机场，后扩建为世界超大型国际机场	90.56
67	克拉玛依油田	能源矿业工程（石油）	1955 年	新中国成立后开发建设的第一个大油田	89.34
68	胜利油田	能源矿业工程（石油）	1955 年	中国第二大油田	90.19

续表

序号	名称	类型	建设时间	入选理由	评分
69	茂名石化	能源矿业工程（石化）	1955 年	中国第一个千万吨级炼油厂	88.70
70	第一拖拉机制造	制造工程（装备制造）	1955 年	中国第一个拖拉机制造厂	87.61
71	大庆油田	能源矿业工程（石油）	1955 年	中国第一超大油田，创造了中国石油工业的奇迹	93.15
72	直升机工程	制造工程（装备制造）	1956 年	中国第一个直升机制造工程	89.32
73	新安江水电站	水利工程（水电站）	1956 年	新中国自行设计、自制设备、自主建设的第一座大型水力发电站	89.63
74	三门峡水库	水利工程（天然水收集）	1957 年	黄河上的第一个大型水利枢纽工程	90.80
75	南京苯胺工程	能源矿业工程（石化）	1957 年	中国第一套 3000 吨 / 年硝基苯加氢还原制苯胺生产装置工程	88.31
76	人民大会堂	土木工程（建筑）	1958 年	中国同类型最大建筑，面积超 17 万平方米，十个月建成	90.44
77	丹江口水库	水利工程（天然水收集）	1958 年	当时亚洲最大水库，被誉为人工"淡水湖"	90.34
78	密云水库	水利工程（天然水收集）	1958 年	华北最大水源供应地	88.19
79	刘家峡水电站	水利工程（水电站）	1958 年	中国自行设计和建设的第一座装机容量 1000 兆瓦以上的大型水电站	89.71
80	东风导弹	制造工程（装备制造）	1958 年	中国成系列近程、中远程和洲际弹道导弹研发与制造工程	92.03
81	强 -5 强击机	制造工程（装备制造）	1958 年	中国出口的第一种作战飞机	90.53
82	酒泉卫星发射中心	运载工程（航空航天）	1958 年	中国创建最早、规模最大的综合型导弹、卫星发射中心	91.34
83	成昆铁路	运载工程（铁路）	1958 年	世界难度最大的铁路工程，被誉为 20 世纪人类征服自然的三大奇迹之一	91.15
84	221 厂	制造工程（装备制造）	1958 年	中国第一个核武器研制、生产、试验基地	88.90
85	万吨水压机	制造工程（装备制造）	1959 年	中国第一台 12000 吨水压机，填补了中国重型机械工业空白	89.34
86	596 工程	制造工程（装备制造）	1959 年	中国第一颗原子弹、第一颗氢弹研发制造工程	90.56
87	"东风号"远洋货轮	制造工程（装备制造）	1959 年	新中国成立后第一艘自行设计建造的万吨级远洋货轮	88.99

续表

序号	名称	类型	建设时间	入选理由	评分
88	南京长江大桥	土木工程（桥梁）	1960 年	中国第一座自行设计和建造的双层铁路、公路两用桥梁	91.99
89	红旗渠	水利工程（天然水收集）	1960 年	从太行山腰修建的引漳入林的工程，被称为"人工天河"	89.31
90	金川镍矿	能源矿业工程（矿产）	1960 年	世界最大的镍矿生产基地，被誉为世界"镍都"	88.86
91	大庆炼油工程	能源矿业工程（石化）	1962 年	中国当时最大的炼油厂	90.08
92	轰 -6 飞机研发工程	制造工程（装备制造）	1963 年	中国最大的轰炸机，被誉为空军轰炸力量的核心	91.17
93	歼 -8 飞机研发工程	制造工程（装备制造）	1964 年	中国首个自行研制的高空高速战斗机，被誉为中国航空工业发展史上一座重要的里程碑	90.82
94	三线建设	其他工程	1964 年	世界历史上绝无仅有的一次规模巨大的工业迁移建设工程	92.10
95	北京地铁 1 号线	土木工程（地铁）	1965 年	中国第一个地铁建设工程	91.23
96	"东方红一号"卫星	运载工程（航空航天）	1965 年	中国发射的第一颗人造地球卫星，开创中国航天史的新纪元	92.88
97	816 地下核工程	能源矿业工程（电力）	1966 年	中国第二个核原料工业基地，号称"世界第一人工洞体"，中国第一台原子能发电厂	88.55
98	燕山石化工程	能源矿业工程（石化）	1967 年	中国华北最大的炼油化工工程	88.01
99	H 动力潜艇	制造工程（装备制造）	1968 年	中国第一个核动力潜艇制造工程	90.93
100	乌江流域梯级水电站	水利工程（水电站）	1968 年	中国第一家流域水电开发工程	88.25
101	抽水蓄能电站工程群	水利工程（水电站）	1968 年	世界最大规模的抽水蓄能电站工程群	89.90
102	"长征一号"核潜艇	制造工程（装备制造）	1968 年	中国自行设计建造的第一艘核潜艇	91.02
103	长庆油田	能源矿业工程（石油）	1970 年	中国第一超大、低渗透油气田，创造了中国非常规油气田开发的先河	91.40
104	运 -10 飞机研发工程	制造工程（装备制造）	1970 年	中国自行设计、制造的第一架完全拥有自主知识产权的大型喷气客机	90.33
105	东北"八三工程"	能源矿业工程（石油）	1970 年	中国第一条长距离、大口径输送高凝原油管道	88.62
106	葛洲坝水电站	水利工程（水电站）	1971 年	长江上第一座大型水电站	91.23

续表

序号	名称	类型	建设时间	入选理由	评分
107	杂交水稻工程	其他工程	1971 年	中国人发明的杂交水稻，大幅提高了水稻的单产量，其成果享誉世界	93.30
108	广州白云宾馆	土木工程（建筑）	1972 年	第一座突破百米的高楼	87.21
109	上海石化工程	能源矿业工程（石化）	1972 年	中国最大的炼油化工一体化综合性石油化工企业	87.46
110	郭亮挂壁公路	土木工程（公路）	1972 年	世界最险要的公路之一	86.87
111	武钢一米七轧机	制造工程（装备制造）	1975 年	中国第一台一米七轧机，开创了中国系统引进国外钢铁技术的先河，代表了当时国际钢铁制造先进水平	88.16
112	引大入秦水利工程	水利工程（水资源管理）	1976 年	中国规模最大的跨流域自流灌溉工程，被称颂为当代的"都江堰"	89.52
113	上海宝钢	制造工程（钢铁）	1978 年	中国最大、最现代化的钢铁联合企业	92.47
114	三北防护林工程	其他工程	1978 年	世界最大的人工林业生态工程	91.26
115	山西能源重化工基地	能源矿业工程（化工）	1980 年	中国当时最大的能源重化工基地	88.85
116	引滦入津	水利工程（水资源管理）	1982 年	新中国第一次跨流域、跨省市大型引水工程	87.66
117	无为大堤工程	水利工程（防洪除涝）	1983 年	长江流域防洪标志性工程	87.89
118	沈大高速公路	土木工程（公路）	1984 年	中国最早建设的高速公路，被称为"神州第一路"	88.59
119	平朔露天煤矿	能源矿业工程（矿产）	1984 年	中国最大的现代化露天煤矿	88.81
120	秦山核电站	能源矿业工程（电力）	1985 年	中国自行设计、建造的第一座核电站	91.28
121	大秦铁路	运载工程（铁路）	1985 年	中国首条双线电气化、现代化重载铁路	89.04
122	大柳塔煤矿	能源矿业工程（矿产）	1987 年	世界第一大现代化煤矿，开创了世界高产、高效矿井建设先河	87.46
123	大亚湾核电站	能源矿业工程（电力）	1987 年	中国第一座大型商用核电站	90.60
124	补连塔矿井	能源矿业工程（矿产）	1987 年	世界一矿一井产量最大的井工煤矿	86.05
125	舟山港通道工程	运载工程（港口）	1987 年	世界最长的连岛高速公路和最大的跨海桥梁群	88.44

续表

序号	名称	类型	建设时间	入选理由	评分
126	北仑发电	能源矿业工程（电力）	1988 年	中国第一座装机容量 500 万千瓦的巨型火电厂	87.78
127	福建炼油工程	能源矿业工程（石化）	1989 年	中国第一个现代化炼油工程	88.43
128	塔里木油田	能源矿业工程（石油）	1989 年	中国第三大油气田和西气东输主力气源地	90.38
129	北京高碑店污水处理工程	其他工程	1990 年	当时世界最大的再生水厂，中国历史上第一座特大型污水处理厂	86.80
130	黑岱沟露天矿	能源矿业工程（矿产）	1990 年	中国第一个自主设计、自主建设、独立管理的最大的现代化露天煤矿	87.68
131	五纵七横工程	土木工程（公路）	1991 年	中国规划建设的以高速公路为主的公路网主骨架工程	90.60
132	东方明珠	土木工程（建筑）	1991 年	上海标志性工程，浦东开发的第一个重点工程	90.48
133	杨浦大桥	土木工程（桥梁）	1991 年	世界第一座叠合梁桥	88.89
134	小浪底水利工程	水利工程（水电站）	1991 年	黄河干流上一座集减淤、防洪、防凌、供水、灌溉、发电等于一体的大型综合性水利工程	90.45
135	无煤柱自成巷开采系列工程	能源矿业工程（矿产）	1991 年	中国第一个无煤柱自成巷煤炭开采工程	88.02
136	陕京天然气管道	能源矿业工程（天然气）	1992 年	中国陆上距离最长、管径最大、所经地区地质条件最为复杂、自动化程度最高的输气管道	90.95
137	高效超（超）临界火电工程	能源矿业工程（电力）	1992 年	中国超临界（及以上）燃煤机组系列工程，居世界领先水平	90.15
138	载人飞船工程	运载工程（航空航天）	1992 年	中国第一个载人航天飞船工程	93.90
139	长龙山抽水蓄能电站	水利工程（水电站）	1992 年	华东地区最大的抽水蓄能电站	88.29
140	沪蓉高速公路	土木工程（公路）	1992 年	中国工程规模最大、建设周期最长、地质最为复杂、施工最为艰难的高速公路	89.28
141	香港国际机场	土木工程（机场）	1993 年	世界最繁忙的国际机场之一	89.81
142	引汉济渭	水利工程（水资源管理）	1993 年	陕西省"南水北调"工程，是陕西省有史以来规模最大、影响最为深远的重大水利工程	89.69
143	京九铁路	运载工程（铁路）	1993 年	中国第一条一次性建成的最长双线铁路，国家"八五"计划的第一号工程	91.65
144	塔里木沙漠公路	土木工程（公路）	1993 年	世界最长的贯穿流动沙漠的等级公路，是中国最早的沙漠公路	88.43

续表

序号	名称	类型	建设时间	入选理由	评分
145	三峡水利工程	水利工程（水电站）	1994 年	世界上最大水利枢纽和发电工程	94.14
146	歼 -10 飞机研发工程	制造工程（装备制造）	1994 年	中国自行研制，首款具有完备自主知识产权的第三代先进多用途战机	91.82
147	北斗卫星	运载工程（航空航天）	1994 年	中国首个自行研制的全球卫星导航系统，世界第三个成熟的卫星导航系统	94.04
148	香港昂船洲污水处理厂	其他工程	1994 年	中国第二大规模污水处理厂	86.49
149	神光Ⅱ	制造工程（装备制造）	1994 年	当前我国规模最大的高性能高功率钕玻璃激光装置	86.82
150	托克托发电工程	能源矿业工程（电力）	1995 年	世界最大的火力发电基地，国家"西部大开发"和"西电东送"的重点工程	88.86
151	西电东送	能源矿业工程（电力）	1996 年	中国"西部大开发"的标志性工程，西部大开发中工程量最大、投资额最多的重点工程	93.12
152	浦东国际机场	土木工程（机场）	1997 年	中国华东区域第一大枢纽机场	89.48
153	铁路大提速	运载工程（铁路）	1997 年	中国铁路最具影响的铁路工程，创造了世界铁路既有线提速的规模和速度之最	91.13
154	长江口深水航道整治工程	运载工程（港口）	1998 年	20 世纪 90 年代中国最大的一项水运改造工程	88.22
155	苏里格气田	能源矿业工程（天然气）	1999 年	中国最大非常规整装天然气田，是"西气东输"和"陕气东送"主力气源	89.48
156	99A- 坦克	制造工程（装备制造）	1999 年	中国自主研发的主战坦克	89.40
157	河钢家电板涂覆新材料建设工程	制造工程（钢铁）	1999 年	中国第一条两涂两烘家电涂覆卷带生产线	87.65
158	秦沈客运专线	运载工程（铁路）	1999 年	中国自主设计、施工的第一条客运专线，是铁路客货分线运输的先驱者	91.98
159	村村通工程	其他工程	1999 年	人类历史上最伟大的惠民系统工程，使中国广大农村历史性地实现了路通、电通、水通（包括饮用水）、网通等	90.05
160	张家界百龙天梯	制造工程（装备制造）	1999 年	中国首个最高户外电梯，被载入吉尼斯世界纪录	87.90
161	上海白龙港污水处理厂	其他工程	1999 年	中国第一大污水处理厂，亚洲最大的污水处理厂	86.18
162	广州白云机场	土木工程（机场）	2000 年	中国第二大航空港，国内三大航空枢纽之一	89.24

续表

序号	名称	类型	建设时间	入选理由	评分
163	长江重要堤防隐蔽工程	水利工程（防洪除涝）	2000 年	长江堤防建设施工难度最大、技术含量最高的工程	88.72
164	澜沧江流域水电开发工程	水利工程（水电站）	2000 年	世界级高坝工程群，被誉为中国高坝大水库的博览馆	90.23
165	西气东输	能源矿业工程（天然气）	2000 年	中国当时距离最长、管径最大、投资最多、输气量最大、施工条件最复杂的天然气管道工程	92.77
166	中亚天然气管道	能源矿业工程（天然气）	2000 年	中外合资修建的第一条长距离跨国天然气管道	90.13
167	东方超环	制造工程（装备制造）	2000 年	世界上第一个全超导非圆截面托卡马克核聚变实验装置	87.36
168	国家大剧院	土木工程（建筑）	2001 年	亚洲最大的剧院，中国国家表演艺术的最高殿堂	88.67
169	终南山公路隧道	土木工程（隧道）	2001 年	中国自行设计施工的世界最长双洞单向公路隧道，创造了中国高速公路隧道建设之最	89.02
170	青藏铁路	运载工程（铁路）	2001 年	世界上海拔最高、线路最长、穿越冻土里程最长、克服了世界级困难的高原铁路	94.22
171	北京夏季奥运工程	土木工程（建筑）	2002 年	第 29 届夏季奥运会的建筑群，以鸟巢、水立方为代表的世界独一无二的大型单体建筑	91.53
172	南水北调	水利工程（水资源管理）	2002 年	中国最大的跨流域战略性惠民水利工程	92.77
173	北煤南运	运载工程（铁路）	2002 年	中国最大的北煤南运战略性铁路工程	90.32
174	蛟龙号	制造工程（装备制造）	2002 年	中国第一艘深海载人潜水器	91.57
175	赛科乙烯工程	能源矿业工程（石化）	2002 年	中国最大的中外合资乙烯工程	87.64
176	陕北能源化工基地	能源矿业工程（化工）	2003 年	中国唯一国家级能源化工基地	88.33
177	杭州湾跨海大桥	土木工程（桥梁）	2003 年	中国当时最长的跨海大桥	89.76
178	苏通长江公路大桥	土木工程（桥梁）	2003 年	中国当时建桥史上工程规模最大、综合建设条件最复杂的特大型桥梁工程	89.52
179	白马发电机组	能源矿业工程（电力）	2003 年	自主研发建成的世界首台 600 兆瓦超临界循环流化床燃煤发电机组	87.67
180	神舟五号	运载工程（航空航天）	2003 年	中国载人航天工程发射的第五艘飞船，第一艘载人航天飞船	94.20
181	有机发光半导体基板工程	制造工程（装备制造）	2003 年	中国最大的阴极射线显像管装备生产工程	89.59

续表

序号	名称	类型	建设时间	入选理由	评分
182	兖矿国泰气化炉工程	能源矿业工程（化工）	2003 年	中国首个自主研发的大型煤化工示范工程	87.85
183	三门核电站	能源矿业工程（电力）	2004 年	世界最先进的第三代先进压水堆核电站	90.58
184	海南炼化工程	能源矿业工程（石化）	2004 年	中国当时首个原油综合加工能力 800 万吨 / 年的炼厂	88.07
185	北京正负电子对撞机	制造工程（装备制造）	2004 年	中国第一台高能加速器	91.25
186	嫦娥工程	运载工程（航空航天）	2004 年	中国实施的第一个探月工程	93.80
187	和谐号	制造工程（装备制造）	2004 年	中国铁路全面实施自主创新战略取得的重大工程，标志着中国铁路客运装备的技术水平达到了世界先进水平	91.67
188	中央电视台总部大楼	土木工程（建筑）	2004 年	中国首座独特的电视台大楼，被美国《时代周刊》杂志评选为 2007 年世界十大建筑奇迹之一	88.24
189	"先行号"盾构机	制造工程（装备制造）	2004 年	中国第一台国产盾构掘进机	89.74
190	中哈原油管道	能源矿业工程（石油）	2004 年	中国的第一条战略级跨国原油进口管道	90.39
191	神华煤直接液化工程	能源矿业工程（化工）	2004 年	世界上第一个百万吨级煤炭直接液化生产清洁油品的商业化工程	89.23
192	上海光源	制造工程（装备制造）	2004 年	中国首台第三代中能同步辐射光源	87.65
193	广州电视塔	土木工程（建筑）	2005 年	世界上最高的广播电视观光塔	87.84
194	翔安海底隧道	土木工程（隧道）	2005 年	中国第一条规模宏大的跨海隧道	88.53
195	太行山高铁隧道	土木工程（隧道）	2005 年	中国铁路隧道的重大工程，号称建设史上的重要里程碑，标志着石太铁路客运专线建设取得了重大进展	88.36
196	农村饮水安全工程	水利工程（水资源管理）	2005 年	解决了 5.2 亿农村居民和 4700 多万农村学校师生的饮水安全问题	89.35
197	二滩水电站	水利工程（水电站）	2005 年	中国当时建成的最大的水电站	89.69
198	辽宁舰	制造工程（装备制造）	2005 年	中国第一艘航母	92.59
199	首钢京唐	制造工程（钢铁）	2005 年	中国第一座沿海邻港的现代化钢铁企业	88.54

序号	名称	类型	建设时间	入选理由	评分
200	洋山深水港	运载工程（港口）	2005 年	世界单体规模最大、全自动的现代化港口	89.38
201	布尔台煤矿	能源矿业工程（矿产）	2006 年	世界上一次设计、连续施工、单井设计生产能力最大的井工煤矿	87.75
202	虹桥综合交通枢纽工程	其他工程	2006 年	集聚轨、路、空三位一体，被称为世界上最复杂的综合交通枢纽	89.14
203	青岛炼油工程	能源矿业工程（石化）	2006 年	中国"十一五"期间建成投产的第一套现代化单系列大型炼化工程	87.68
204	特高压交流输电工程	能源矿业工程（电力）	2006 年	世界级特高压交流输电重大创新工程	90.75
205	±800 千伏特高压直流输电工程群	能源矿业工程（电力）	2006 年	中国首创的远距离、大容量、低损耗的现代输电技术，是大规模能源传输的高速通道	91.53
206	柔性直流输电工程	能源矿业工程（电力）	2006 年	中国首个世界首创柔性直流输电系列工程	89.91
207	镇海乙烯工程	能源矿业工程（石化）	2006 年	中国迄今规模最大、最具有国际竞争力的炼化一体化生产基地	89.21
208	18500 吨自由锻造油压机	制造工程（装备制造）	2006 年	世界当时最大的 18500 吨自由锻造油压机	87.90
209	河西"风电走廊"	能源矿业工程（电力）	2006 年	中国西部最大的风电建设工程	89.75
210	京港高铁	运载工程（铁路）	2006 年	世界开通最长的高铁线路，世界上第一条运营速度达到每小时 350 千米的高速铁路	90.87
211	上海 11 号线地铁	土木工程（地铁）	2007 年	世界上最长的贯通运营的地铁线路，中国第一条跨省地铁线路	89.02
212	80000t 模锻液压机	制造工程（装备制造）	2007 年	中国自主设计研制的世界最大模锻液压机	88.06
213	运-20 飞机研发工程	制造工程（装备制造）	2007 年	中国研究制造的新一代军用大型运输机	91.45
214	SWDW165 航道钻机	制造工程（装备制造）	2007 年	目前国际最先进的水上航道钻机	87.65
215	徐州矿区生态修复工程	其他工程	2007 年	中国超大型采煤塌陷地生态修复工程	87.58
216	川气东送	能源矿业工程（天然气）	2007 年	中国西南第一条天然气输送管道	90.08
217	钦州炼油	能源矿业工程（石化）	2008 年	中国西南地区最大的现代化炼油厂	88.82
218	上海中心大厦	土木工程（建筑）	2008 年	中国当时第一高的摩天大楼，也是世界上最高的钢结构建筑	88.98

续表

序号	名称	类型	建设时间	入选理由	评分
219	117 大厦	土木工程（建筑）	2008 年	当时中国在建结构第一高楼，世界钢结构第二高楼	88.01
220	WK-55 型超级电铲	制造工程（装备制造）	2008 年	中国自主设计研制的世界最大级别的矿用电铲	87.22
221	1 号盾构机	制造工程（装备制造）	2008 年	中国第一台具有自主知识产权的复合式盾构机	88.26
222	海洋石油 981	制造工程（装备制造）	2008 年	中国首座自主设计、建造的最大深水半潜式钻井平台	90.32
223	"大鹏昊"运输船	制造工程（装备制造）	2008 年	中国自主设计与建造的第一艘 LNG 专用船	88.37
224	ZCC3200NP 履带起重机	制造工程（装备制造）	2008 年	中国起重能力最强的移动式起重机	87.68
225	黄陵煤矿智能开采工程	能源矿业工程（矿产）	2008 年	全球第一个运用全地面控制采煤的智能成套开采工程	88.39
226	京沪高铁	运载工程（铁路）	2008 年	世界上一次建成线路最长、标准最高的高速铁路	92.24
227	稳态强磁场实验装置	制造工程（装备制造）	2008 年	世界五大稳态磁场实验室之一，刷新了混合磁体产生稳态磁场强度的世界纪录	88.52
228	平安金融中心大厦	土木工程（建筑）	2009 年	中国第二高楼，深圳标志性建筑	88.08
229	港珠澳大桥	土木工程（桥梁）	2009 年	世界超大型集桥、岛、隧于一体的超大型跨海通道，被誉为现代世界七大奇迹之一	93.19
230	黄桷湾立交桥	土木工程（桥梁）	2009 年	中国最大、最高、功能最复杂的立交桥	88.48
231	中俄原油管道	能源矿业工程（石油）	2009 年	中国与俄罗斯合作修建的第一条国际原油管道	90.65
232	IGCC 电站	能源矿业工程（电力）	2009 年	中国自主研发、设计、建设、运营的技术示范工程	88.70
233	"三北"风电工程	能源矿业工程（电力）	2009 年	世界开发规模最大的陆上风力发电工程	89.95
234	中沙乙烯工程	能源矿业工程（石化）	2009 年	中外合资的第一套百万吨乙烯工程	88.51
235	HBT9050CH 超高压混凝土输送泵	制造工程（装备制造）	2009 年	世界泵送混凝土最高（620 米）的输送泵	87.28
236	暖核一号	能源矿业工程（电力）	2009 年	世界最大的核能热电联产机组	89.55
237	中缅油气管道	能源矿业工程（天然气）	2010 年	中国西南第一条油气输送跨国管道	89.72

续表

序号	名称	类型	建设时间	入选理由	评分
238	海上风电集群	能源矿业工程（电力）	2010 年	中国最大的沿海风电工程群	89.55
239	西北风光储输工程	能源矿业工程（电力）	2010 年	世界规模最大的集风电、光电、储能及智能输送的新能源综合性示范工程	89.41
240	青藏超高压输变电工程	能源矿业工程（电力）	2010 年	世界海拔最高、环境最复杂、建设难度最大的高原超高压输变电工程	90.75
241	C919 工程	制造工程（装备制造）	2010 年	中国首款自主研制的大型干线客机	89.75
242	隧道钻爆法施工智能成套装备	制造工程（装备制造）	2010 年	全球首套钻爆法智能化成套装备	88.27
243	瓯飞围垦工程	水利工程（公共水利设施）	2010 年	中国单体最大的围垦工程	86.86
244	中老铁路	运载工程（铁路）	2010 年	首次以中国标准建设、中老共同运营，与中国铁路网直接连通的跨国铁路工程	89.72
245	中国空间站	运载工程（航空航天）	2010 年	中国第一个、世界第三个空间站，正在运行的两个空间站之一	94.50
246	北京中信大厦	土木工程（建筑）	2011 年	北京最高的地标建筑	88.23
247	五代战机	制造工程（装备制造）	2011 年	中国自主研制的第五代重型隐形战斗机	90.77
248	天宫一号	运载工程（航空航天）	2011 年	中国第一个实验性的空间站	93.22
249	伊犁新天煤制天然气工程	能源矿业工程（天然气）	2011 年	世界单系列产能最大的煤制天然气工程	88.05
250	空警 -500 工程	制造工程（装备制造）	2011 年	中国自主研制的第三代预警机	88.83
251	FAST 工程	制造工程（装备制造）	2011 年	世界口径最大、灵敏度最高的单口径射电望远镜	90.00
252	振华 30 号	制造工程（装备制造）	2011 年	世界最大的海上起重船	88.13
253	WK-75 型矿用挖掘机	制造工程（装备制造）	2011 年	当时世界最大的挖掘机	87.40
254	墨子号	运载工程（航空航天）	2011 年	中国研制的首颗空间量子科学实验卫星	89.74
255	中国散裂中子源	制造工程（装备制造）	2011 年	中国首台散裂中子源，填补了国内脉冲中子源及应用领域的空白	87.1
256	京新高速	土木工程（公路）	2012 年	世界上穿越沙漠最长的高速公路	88.45

续表

序号	名称	类型	建设时间	入选理由	评分
257	国家会展中心	土木工程（建筑）	2012 年	世界上面积第二大的建筑单体和会展综合体	88.72
258	青海光伏电站工程	能源矿业工程（电力）	2012 年	世界最大的光伏电站群	88.40
259	复兴号	制造工程（装备制造）	2012 年	中国自主研发、具有完全知识产权的新一代高速列车	93.16
260	22000 吨龙门吊	制造工程（装备制造）	2012 年	中国自主研制的截至 2015 年世界上最大的龙门吊	87.14
261	石岛湾核电站	能源矿业工程（电力）	2012 年	全球首个并网发电的第四代高温气冷堆核电工程	89.05
262	DZ101 号掘进机	制造工程（装备制造）	2012 年	中国首台自主知识产权的岩石隧道掘进机	87.92
263	山东舰	制造工程（装备制造）	2013 年	中国首艘自主研制的全国产化航空母舰	90.86
264	宁夏煤炭间接液化工程	能源矿业工程（化工）	2013 年	中国最大的煤制油和煤基烯烃加工生产基地	88.39
265	南海岛礁工程	土木工程（建筑）	2013 年	中国建造的规模最大的岛礁工程	90.39
266	北盘江第一桥	土木工程（桥梁）	2013 年	世界第一高桥	89.67
267	阿里云平台	信息通信工程	2013 年	世界上第一个对外提供 5K 云计算服务能力的平台	88.90
268	白鹤滩水电站	水利工程（水电站）	2013 年	中国第二大水电站工程	89.81
269	嘉华燃煤机组超低排放改造工程	能源矿业工程（电力）	2013 年	世界上最大规模的超低排放清洁煤电改造工程	88.08
270	小保当智慧矿山	能源矿业工程（矿产）	2013 年	中国第一个大规模的智慧煤矿	87.45
271	蓝鲸 1 号	制造工程（装备制造）	2013 年	世界作业水深最深、钻井深度最大、设计理念最先进的半潜式钻井平台	89.60
272	长江黄金水道改造工程	运载工程（港口）	2013 年	中国规模最大的长江黄金水道改造工程	88.82
273	大兴国际机场	土木工程（机场）	2014 年	世界规模单体最大、施工技术难度最大、无结构缝一体化航站楼，被评为新世界七大奇迹榜首	91.29
274	惠州石化工程	能源矿业工程（石化）	2014 年	世界首座集中加工海洋高酸重质原油的炼油工程	88.40
275	川藏铁路	运载工程（铁路）	2014 年	中国在建首条高原电气化铁路，世界铁路建设史上地形地质条件最为复杂的工程	92.85

续表

序号	名称	类型	建设时间	入选理由	评分
276	华龙一号	制造工程（装备制造）	2015 年	中国自主研制的第三代压水堆核电技术工程，被誉为"国家名片"	89.62
277	贵州国家数据中心	信息通信工程	2015 年	中国首个灾备数据中心	88.49
278	海尔工业互联网平台	信息通信工程	2015 年	中国具有自主知识产权、全球首家引入用户全流程参与体验的工业互联网平台	89.14
279	10.5 代液晶显示工程	制造工程（装备制造）	2015 年	全球首条高世代生产线	88.11
280	±1100kV 特高压直流输电工程	能源矿业工程（电力）	2016 年	中国首创，世界远距离、大容量、低损耗的现代输电工程，被誉为"国家名片"	90.45
281	雪龙 2 号	制造工程（装备制造）	2016 年	中国第一艘自主建造的极地科学考察破冰船，世界第一艘采用船艏、船艉双向破冰技术的极地科考破冰船	89.62
282	天鲲号	制造工程（装备制造）	2016 年	亚洲最大的重型自航绞吸挖泥船	88.61
283	天问一号	运载工程（航空航天）	2016 年	中国首个火星探测器	92.43
284	深中通道	土木工程（隧道）	2016 年	世界级在建的"桥、岛、隧、水下互通"集群工程	89.60
285	5G 移动通信	信息通信工程	2016 年	世界最前沿的通信技术工程	93.13
286	冬奥场馆工程	土木工程（建筑）	2017 年	世界最大最先进的冬季奥运会绿色体育场馆群，代表性的建筑有冰立方、冰丝带和雪游龙等	89.99
287	中俄东线天然气管道	能源矿业工程（天然气）	2018 年	中国与俄罗斯合作修建的第一条国际天然气管道	89.00
288	唐钢超低排放工程	制造工程（装备制造）	2018 年	中国污染物和碳排放最低的大型长流程钢铁企业	87.97
289	湄洲湾跨海大桥	土木工程（桥梁）	2018 年	中国首座最大跨海高铁矮塔斜拉桥	89.45
290	轮探 1 井工程	能源矿业工程（石油）	2018 年	亚洲陆上第一深井	87.97
291	陵水 17-2 深水气田	能源矿业工程（天然气）	2019 年	中国最大的海洋深水天然气气田	88.76
292	SW1422 移动焊接平台	制造工程（装备制造）	2019 年	世界首台直径 1422 毫米管线野外移动焊接平台	87.94
293	24000 标准箱超大型集装箱船	制造工程（装备制造）	2019 年	世界装箱量最大的集装箱船，被誉为海上"巨无霸"	88.26
294	火神山、雷神山医院	其他工程	2020 年	中国应对新冠疫情快速建成的规模最大的方舱医院	87.02

续表

序号	名称	类型	建设时间	入选理由	评分
295	SCC98000TM 履带起重机	制造工程（装备制造）	2020 年	世界起重能力最大（4500 吨）的履带起重机，被誉为"全球第一吊"	87.51
296	W12000-450 超大型平头塔机	制造工程（装备制造）	2020 年	世界首台超万吨米级的上回转超大型塔机	86.84
297	SWDM1280 旋挖钻机	制造工程（装备制造）	2020 年	世界动力头扭矩最大、施工孔径最大、施工能力最强的旋挖钻机，被誉为"国之重器"	87.69
298	ZAT18000H 轮式起重机	制造工程（装备制造）	2020 年	中国自主研制世界最强全地面起重机	87.93
299	爱达·魔都号	制造工程（装备制造）	2020 年（下船坞）	中国自主设计建造的国产首艘大型邮轮，开创了中国建造大型邮轮的先河	89.35

　　纵观中国近现代超级工程排行榜，特定的历史时期孕育了特定的超级工程。1861 年的第一个超级工程是安庆军械制造工程，标志着我国近代军事工业和工程史的开始；1949 年新中国成立后第一个超级工程是内蒙古的河套灌区工程，为新中国的恢复生产奠定粮食基础；改革开放的第一个超级工程是 1978 年上海的宝钢工程，是实现我国社会主义现代化建设进程中的第一个特大工程。近现代超级工程排行榜中单年超级工程建设数量前五名分别为 1958 年建设超级工程 9 项，2003 年、2005 年、2007 年和 2009 年各建设超级工程 10 项。从新中国成立初加强社会主义基础建设，到改革开放中期加速现代化建设，超级工程的发展史直观地反映出不同历史时期中国国家、经济和社会发展的特征和趋势。

总后记

古往今来，著作可以留世，其过程很少记录。为此，公开记录开创性"超级工程研究"的基本过程和所有参与的研究人员，应该是一件非常有意义的事情，其最大的价值是还原学术研究的公正。

2017 年，秋冬之交，中国工程院"工程哲学理论体系"和"工程管理理论"研究获得了重大的学术成就，鼓舞了工程管理学部一批热心工程建造的院士，提出系统研究超级工程的设想，得到了工程管理学部主任孙永福院士的首肯，也得到了殷瑞钰院士、何继善院士、翟光明院士、傅志寰院士、王礼恒院士的赞许和积极支持，2018 年还得到了中国工程院副院长何华武院士的支持。

为此，2018 年 6 月 25 日，在中国工程院 316 会议室，胡文瑞院士召开了首次"超级工程研究"会商会议，参与会商的有殷瑞钰院士、何继善院士、王礼恒院士、王基铭院士、黄维和院士、杨善林院士、丁烈云院士、凌文院士、金智新院士、向巧院士、卢春房院士、刘合院士，以及智能工业数据解析与优化教育部重点实验室（东北大学）唐立新教授、中国石油吕建中教授和杨虹首席专家等，就立项"超级工程研究"和"超级工程排行榜"研究，初步达成一致，特别是殷瑞钰院士认为，这是"继'工程哲学理论体系'和'工程管理理论'研究之后又一重大学术研究，对工程管理学部学科建设有着重要的现实意义"。何继善院士认为，这是"工程管理学部职责所在"。凌文院士提议，"将研究成果作为向中华人民共和国国庆 70 周年献礼"项目。

为了加快进度，2018 年 7 月 1 日，胡文瑞院士在亚运村无名居召开了"超级工程研究"立项筹备小组会议，同意设立"超级工程研究"课题组，确定由胡文瑞院士任课题组组长，请王基铭院士、刘合院士担任课题组副组长，唐立新教授担任课题组秘书长，初步确定课题组成员由中国石油、中国国际工程咨询有限公司（以下简称中咨公司）、智能工业数据解析与优化教育部重点实验室（东北大学）、中国石化、清华大学、北京大学、天津大学等单位专家和学者组成，由中国石油和智能工业数据解析与优化教育部重点实验室（东北大学）承担主要研究任务。

2018 年 8 月 5 日，课题组在中国工程院 218 会议室召开了"超级工程研究"会议，初步确定研究内容为古今中外四大板块，即中国古代和近现代、世界古代和近现代超级工程。会议根据王基铭院士提议，确定先期立项研究"中国近现代超级工程"，同时就"中国近现代超级工程研究"的目的意义、主要背景、主要框架、预期成果等进行了讨论。委托智能工业数据解析与优化教育部重点实验室（东北大学）积极准备课题立项和启动研讨会事宜，建议课题组长胡文瑞院士作主题报告，唐立新教授作专题理论报告。2018 年 8 月 14 日，唐立新教授在沈阳召开了课题立项和启动研讨会筹备工作首次会议。

在两年多的咨询和组织准备基础上，2019 年，经中国工程院工程管理学部七届十八次常委会通过立项，正式设立"超级工程研究"课题。2019 年 4 月 26 日，在中国工程院 316 会议室召开"超级工程研究"启动研讨会，会议由课题组副组长王基铭院士主持，胡文瑞、殷瑞钰、何继善、翟光明、袁晴棠、傅志寰、王礼恒、陆佑楣、孙永福、黄维和、杨善林、周建平、丁烈云、凌文、向巧、金智新、卢春房、陈晓红、刘合等 20 位院士，中国工程院三局高战军副局长及聂淑琴主任和来自中国石油、中咨公司、中国石化、国家能源集团、清华大学、天津大学、同济大学、智能工业数据解析与优化教育部重点实验室（东北大学）、中南大学、上海交通大学、北京交通大学、中国石油经济技术研究院、中国石油西南油气田公司等单位的领导专家和学者共 50 余人出席了启动研讨会。胡文瑞院士代表课题组作了"中国近现代超级工程研究"主题报告，唐立新教授作了"中国近现代超级工程研究"理论专题报告。启动研讨会经过热烈讨论、思想碰撞和智慧交锋，认为"超级工程研究"是一项开创性的填补空白的学术研究，具有极强的学术价值和极高的现实意义，值得组织力量进行深入的科学研究。

2019 年 12 月 8 日，由中国工程院工程管理学部主办，智能工业数据解析与优化教育部重点实验室（东北大学）承办的"中国近现代超级工程前沿技术研讨会"在北京五洲皇冠国际酒店召开。会议由七届工程管理学部主任胡文瑞院士主持，新当选的智能工业数据解析与优化教育部重点实验室（东北大学）唐立新院士和清华大学方东平教授、河海大学王慧敏教授分别作了专题报告。中国工程院王玉普、孙永福、黄维和、刘合、卢春房、孙丽丽、唐立新等 9 位院士，中国工程院三局高战军副局长、聂淑琴主任和常军乾副主任，来自清华大学、北京航空航天大学、中国空间技术研究院、中国水利水电科学研究院、苏州科技大学、河海大学、华东理工大学等单位的 40 余名专家学者出席研讨会。与会院士、专家、学者针对课题研究提出了中肯的意见和建议，包括分行业细化完善超级工程筛选标准，做到既反映行业特征，又符合超级工程筛选标准；重点突出超级工程价值的部分；案例研究与整体研究内容中的共性解析、系统解析之间的联系要进一步凝练；加强超级工程发展演化规律研究，如超级工程与国家发展阶段、经济水平以及超级工程群之间的协同效应研究；加强超级工程认识规律的凝练，争取上升到工程哲学的高度。

2020 年 3 月 7 日，在北京西藏大厦召开了"超级工程研究"骨干研究团队会议，来自中国石油、智能工业数据解析与优化教育部重点实验室（东北大学）、中咨公司、中国石化、清华大学的专家学者参加了本次会议。会议根据"超级工程研究"先后次序问题，进行了认真的讨论，最终形成一致意见。研究的目标以中国超级工程建造为重点，涵盖古今、覆盖国内外的超级工程建造，总架构为"1+4"（总研究课题 + 四个专题研究课题），即一个总研究课题为"超级工程研究"课题，四个专题研究课题为"中国古代超级工程研究""中国近现代超级工程研究""世界古代超级工程研究"和"世界近现代超级工程研究"课题。除 2019 年已经立项的"中国近现代超级工程研究"外，同步开展中国古代超级工程研究、世界古代超级工程研究和世界近现代超级工程研究，立项工作分别于 2020 年、2021 年、2022 年按程序启动。

天有不测风云，人有旦夕祸福。在"超级工程研究"紧张有序进行之时，2020 年初突如其来的一场新冠疫情，给超级工程后续研究带来了极大的冲击。课题组马上调整了工作方式，通过线上线下结合的方式，增加沟通次数，召开视频研讨会，保证研究工作持续进行。同时，不失时机地召开线下研讨会议，千方百计地推进"超级工程研究"深入进行。

2020 年 8 月 30 日，"中国近现代超级工程研究及排行榜汇报研讨会"在中国工程院 316 会议室成功举行。会议由胡文瑞院士主持，唐立新院士受项目组委托作了专题报告，王基铭院士对研讨会进行了系统总结。中国工程院殷瑞钰、傅志寰、王礼恒、孙永福、陆佑楣、袁晴棠、黄其励、苏义脑、周建平、黄维和、柴洪峰、刘合、卢春房、孙丽丽等 20 位院士参加了会议，来自中国石油、智能工业数据解析与优化教育部重点实验室（东北大学）、中国交通建设集团有限公司（以下简称中国交建）、中国空间技术研究院、北京理工大学、北京航空航天大学、清华大学、中国海油、中国铁道科学研究院集团有限公司、中国水利水电科学研究院等企业与研究机构的 30 余名专家学者出席了研讨会。研讨会的主要成果是对中国近现代超级工程研究项目做出较高的评价，走出了"超级工程研究"第一步，并通过中国工程院工程管理学部的评审，顺利结题。

"中国近现代超级工程研究"结题后，除了分板块研究外，工作量最大的是超级工程案例研究、案例筛选工作，采取的方式分为行业，按照超级工程的定义、分类、标准进行筛选，同行对比，归类梳理，最后形成一致意见。

比较突出的示例，黄其励院士带领的电力系统超级工程案例研究团队，从 2020 年 9 月到 2021 年 2 月，历经 6 个月，组织国家能源集团、中国华能集团有限公司（以下简称华能）、中国大唐集团有限公司（以下简称大唐）、中国华电集团有限公司（以下简称华电）、国家电力投资集团有限公司（以下简称国电投）等电力行业中的知名企业专家学者，组成超级工程案例研究课题组，共同针对电力行业的超级工程案例进行系统遴选，并召开多次专题超级工程案例线上线下会议，审定电力系统超级工程经典案例，起了非常好的带头作用。

值得特别记述的是钢铁超级工程案例审定会。2021 年 8 月 27 日，钢铁冶金行业超级工程案例审查会在北京举行，殷瑞钰院士主持会议。中国工程院胡文瑞院士、刘合院士、唐立新院士，中国石油王俊仁教授，河钢集团有限公司（以下简称河钢）王新东副总经理，以及来自河钢、首钢集团（以下简称首钢）、东北大学 30 多位专家学者参加审定会。著名冶金学家殷瑞钰院士的一席话，给参会专家留下了非常深刻印象。他说："在中国钢铁行业够得上超级工程案例的就是鞍钢、宝钢、武钢（一米七轧机）和首钢，它们最具代表性，代表了一个时代建设成就，代表了一个时代民族不屈的精神，将超级工程经典案例记述下来是非常有意义的。"

2021 年 4 月 24 日，在湖南长沙召开了"超级工程研究"专题研讨会。胡文瑞院士主持会议，唐立新院士作专题报告。刘合院士、黄维和院士、陈晓红院士、范国滨院士和智能工业数据解析与优化教育部重点实验室（东北大学）、湖南工商大学等 20 余名专家学者出席了研讨会。在热烈讨论的基础上，最后形成一致意见，一是加快超级工程整体研究报告的撰写；二是完善和确定"古今中外"超级工程名录名称；三是积极开展对部分超级工程案例进行调研；四是积极策划"超级工程丛书出版物"事宜。

2021 年 8 月 29 日，石油煤炭行业超级工程案例审查讨论会在中国石油勘探开发研究院举行，胡文瑞院士主持，刘合院士、金智新院士、赵文智院士、唐立新院士等参加。来自中国石油、中咨公司、智能工业数据解析与优化教育部重点实验室（东北大学）、大庆油田、长庆油田、胜利油田、新疆油田、玉门油田勘探开发研究院、中煤平朔集团有限公司（以下简称中煤平朔）、国能神东煤炭集团、中原油田分公司、普光分公司等 40 多位院士、专家学者出席了本次研讨会，系统梳理了该领域超级工程案例，特别是对大庆油田、玉门油田、平朔露天煤矿的历史地位给予了高度的评价。

2021 年 10 月 18 日，在中国工程院 218 会议室召开了超级工程案例撰写讨论会，胡文瑞院士主持会议，重点讨论了超级工程案例撰写的原则要求和组织形式，在坚持超级工程定义、分类、标准的基础上，必须坚持案例撰写的统一模式，先期撰写超级工程案例示范篇，委托中国交建试写"港珠澳大桥工程"，东北大学试写"万里长城"工程，中国长江三峡集团有限公司试写"三峡水利枢纽工程"，北京理工大学试写"两弹一星"工程，作为超级工程案例撰写示范篇，为全面开展案例撰写提供经验和参考。黄维和院士、刘合院士、唐立新院士、孙丽丽院士、林鸣院士、王自力院士，以及王俊仁教授、方东平教授、宋洁教授、许特博士、鲍敬伟博士等参加了会议。

2021 年 10 月 28 日，在中国石油研究总院小范围召开《超级工程概论》第五版审稿会议，对目录进行了较大幅度的修改，增加了理论部分和补充工程哲学启示方面的内容。参加会议的有胡文瑞院士、王俊仁教授、许特教授、鲍敬伟博士等，最后建议王俊仁教授抽时间到智能工业数据解析与优化教育部重点实验室（东北大学）与唐立新院士团队协商落实，尽快使《超级工程概论》进入审稿和修改阶段，总体要求不断打磨，使《超级工程概论》成为精品学术著作。

2021 年 12 月 16 日，在北京西藏大厦召开《超级工程概论》研讨会，胡文瑞院士主持会议，专题讨论《超级工程概论》目录，一致确定"古今中外"四个板块研究著作，为了"四个板块"著作与《超级工程概论》有所区别，统统由"概论"改为"概览"，即《中国古代超级工程概览》《中国近现代超级工程概览》《世界古代超级工程概览》《世界近现代超级工程概览》，并且委托王俊仁教授牵头，与许特、郎劲、赵任、赵国栋老师继续修改完善"四个概览"目录。

2022 年 2 月 17 日，在六铺炕石油大楼 8 楼第一会议室，召开了有关排行榜学术"名称"会议，即关于超级工程"排行榜"名称问题，依据清华大学方东平教授建议，并征求各方意见，有四个可供选择名称，①超级工程排行榜；②超级工程榜；③超级工程名录；④超级工程年表。多数专家认为"超级工程排行榜"比较提气，具有较强的吸引力，其他"名称"显得比较平淡。最终建议：所有超级工程以公认的开始建设时间为起点，按历史年代时间顺序排行，统统称之为"超级工程排行榜"，避免了超级工程地位、重要程度、大小的争议。会议由胡文瑞院士主持，唐立新院士、王俊仁教授、吕建中教授、方东平教授、宋洁教授、杨虹首席专家等 25 人参加了会议。

2022 年 4 月 19 日，在北京召开"超级工程研究调整实施方案和案例撰写"视频会议，唐立新院士在沈阳主持会议，胡文瑞院士在北京作"超级工程研究"课题调整实施方案和案例撰写报告，特别强调：这是超级工程研究四年来规模最大、内容非常重要的一次视频会议，希望各研究、撰写团队给予高度关注。视频会议在全国设 23 个分会场。参加视频会议的院士有：胡文瑞、王基铭、唐立新、黄其励、杨善林、丁烈云、邵安林、金智新、卢春房、向巧、陈晓红、范国滨、王坚、李贤玉、孙丽丽、王自力、孙友宏、张来斌、林鸣、杨宏、杨长风等。刘合院士、黄维和院士、谢玉洪院士请假委托团队代表参加了会议。中国工程院工程管理学部办公室聂淑琴主任参加了会议。中国石油天然气集团、中国石化集团、中国国际工程咨询有限公司、中国铁路集团公司、中国航天科技集团公司、中国交建集团公司、国家能源投资公司、中国鞍钢集团公司、河钢集团公司、中国工程物理研究院、中国海洋集团公司、中国航发集团公司、阿里巴巴公司、华为公司、中国中车股份有限公司（以下简称中国中车）、能新科国际有限公司、中国石油国家高端智库研究中心、中国石油长庆油田公司、解放军 301 医院、陕西盛世唐人文化产业集团有限公司（以下简称唐人文化公司）、中国卫星通信有限责任公司、火箭军研究院、国家安全部科技委、冶金工业规划研究院、东旭集团有限公司、东北大学工业智能与系统优化国家级前沿科学中心 / 智能工业数据解析与优化教育部重点实验室、清华大学、北京大学、华中科技大学、河海大学、北京航空航天大学、合肥工业大学、北京理工大学、太原理工大学、中国石油大学（北京）、北京建筑大学、中南大学、湖南工商大学、中国地质大学（北京）、西安交通大学、成都理工大学等 24 家国内知名企业、16 所知名大学、40 多个超级工程案例撰写团队的 250 多位专家学者出席了视频会议（见附 5："超级工程研究"调整实施方案与超级工程案例撰写报告）。

2022 年 7 月 1 日，在北京六铺炕 8 楼第一会议室召开"超级工程研究"视频会议，唐立新院士（沈阳）主持，胡文瑞院士作"超级工程研究"报告与出版物编辑编审方案报告，王基铭院士（上海）总结讲话，刘合院士（北京）做了发言。聂建国院士、王自力院士参加了会议，研究团队主要成员王俊仁、方东平、宋洁、王新东、许特、郎劲、赵国栋、赵任、吕建中、杨虹、魏一鸣、付金华、钟晟、杨虹、鲍敬伟、祝磊、张磊、何欣、徐立坤、王京峰、贾枝桦、罗平平等 70 多人参加了会议。会议主题是"超级工程研究出版物编辑编审"。

2022 年 8 月 31 日，在北京召开"超级工程排行榜及名录"案例最终版本审定会议，胡文瑞院士主持，唐立新院士、刘合院士参加，主要研究成员王俊仁、方东平、宋洁、杨虹、许特、郎劲、赵国栋、赵任、鲍敬伟、祝磊、何欣、徐立坤等参加。"超级工程排行榜及名录"是超级工程研究课题重点工作之一，超级工程案例选取工作，以超级工程定义、分类、标准为依据，在组织多场行业领域超级工程案例的遴选与研讨会议的基础上，采取专家论证、同行对比、专家打分等方法，结合不同历史年代、不同国家地区、不同民族文化特征、不同行业领域的超级工程在工程规模、工程科技、工程价值方面自身的特点，最终确定了"超级工程排行榜及名录"（编辑编审方案报告见附 6："超级工程研究"出版物编辑编审方案报告）。

2022 年 9 月 5 日到 9 月 15 日，超级工程研究团队连续 11 天通过视频形式讨论"超级工程排行榜名录"问题。视频会议分别由胡文瑞院士和唐立新院士主持，郎劲、许特、赵国栋、赵任老师对古今中外入选"超级工程排行榜及名录"的各案例名称、建设时间和入选理由作了报告。参加视频会议的有王俊仁（中国石油）、方东平（清华大学）、宋洁（北京大学）、许特（东北大学工业智能与系统优化国家级前沿科学中心 / 智能工业数据解析与优化教育部重点实验室，后同）、郎劲、赵国栋、赵任、王新东（河钢）、钟晟（西安交通大学）、祝磊（北京建筑大学）、张磊［中国石油大学（北京）］、贾枝桦（唐人文化公司）、杨虹（中国石油，后同）、鲍敬伟、何欣、徐立坤等 46 人，在北京、沈阳、唐山、西安设 6 个分会场，由于沈阳疫情严重，大部分研究人员都在各自的家里参加视频会议，由于 5G 网络发达，视频效果非常好。

视频会议对入选超级工程的古今中外 600 多个案例，逐一进行了审查和讨论，对每项超级工程逐一做出评定性用语，特别是对每个入选的超级工程地位的评价文字进行了认真严格的审查，有权威机构评价的选择权威机构评价，没有权威机构评语的，根据专家讨论给出评语。如中国的"村村通工程"，是中国近现代 299 个超级工程中唯一用"伟大"一词形容的超级工程，其评语为"人类历史上最伟大的惠民工程"。由于对超级工程案例逐个审查，这次视频会议持续了 11 天。

为了保证入选超级工程排行榜案例的权威性与可靠性，会议对如下问题达成了共识：①对大运河工程、万里长城工程的起始时间，确定为以隋唐大运河建设时间为起始时间，万里长城以秦朝建设时间为起始时间；②对苏联建设的超级工程分别归属于独立后的国家，如苏联的超级工程分别标注为苏联（俄罗斯）、苏联（乌克兰）、苏联（土库曼斯坦）等；③凡是超级工程名称使用"工厂"或"公司"字样，统统改为"工程"，保证超级工程的研究对象是工程本体，而非公司或企业；④不同时期的同一类型且相互之间有联系的超级工程，考虑将两个案例进行合并，避免重复，同时，也反映其不断升级与更新趋势；⑤所有超级工程都应该具备"地标性""标志性"的地位，"第一、最大、最早"是超级工程最重要评价用语，"唯一性""誉谤性"是影响极大的超级工程的基本特征；⑥课题组在视频会议期间邀请了三一重工股份有限公司（以下简称三一重工）、中联重科股份有限公司（以下简称中联重科）、中国铁建重工集团股份有限公司（以下简称铁建重工）、山河智能装备股份有限公司等企业参加视频讨论，对准备入选超级工程的 24 项现代装备制造工程案例进行了讨论，如中国第一台盾构机、1 号盾构机、859 号掘进机、DZ101 号掘进机、隧道钻爆法施工智能成套装备、极寒盾构机、"京华号"盾构机、"深江 1 号"盾构机、HBT9050CH 超高压混凝土输送泵等；⑦入选的古代超级工程案例，在历史中确实存在过，已经没有实体保存，依据史料证明和考古验证，则依然可以入选古代超级工程排行榜。

2023 年 5 月 23 日至 24 日，在沈阳东北大学工业智能与系统优化国家级前沿科学中心 S23 会议室，胡文瑞院士主持召开了超级工程研究阶段检查与讨论会。会议对《超级工程概论》、"古今中外超级工程概览""超级工程排行榜""超级工程图册""系列丛书出版""编辑编审"等问题进行了讨论，对分工和完成时间均做出具体的安排，可以说是一次重要的会议，确定的问题如何落实，关系超级工程研究的成败。会议请王俊仁教授做总执笔人，负责本次会议确定事项逐一落实（会议纪要见附 7：中国工程院"超级工程研究"课题组沈阳工作会议纪要）。

2023 年 5 月 27 日上午，在西安华邑酒店咖啡厅，胡文瑞院士主持召开了"超级工程研究"图册审定讨论会。罗平平副总经理汇报了"超级工程研究"图册设计进展。经过讨论，会议形成了以下共识：①图册中地图部分与文字占比最好符合 0.618 的黄金比例，以求和谐美观。要以淡蓝色的中国地图和世界地图为背景底图。②排行榜中每个案例最关键的要素是时间，时间要突出排在首位。古代超级工程地理分布图要出两套线图，标明其地理位置。③图册要注明设计单位，审核人、制图人、研究单位等关键信息，同时增加中国工程院标志以及"中国工程院重大战略咨询研究项目"文字内容。④重大的历史转折点要清晰注明，如 1840 年（晚清时期）、1912 年（民国时期）、1949 年（新中国成立）以及 1978 年（改革开放）。⑤图册要设计两套，一套在书中作为插页，另一套图集合成册出版。单独出版的图册，考虑更大规格，可以上墙挂示。

2023 年 6 月 1 日，按照胡文瑞院士的总体部署要求，在中国石油勘探开发研究院廊坊科技园区会议中心第二会议室，编辑编审小组召开了《超级工程概论》编辑编审研讨会，会议结合《超级工程概论》初稿基本情况及科学出版社对书稿的要求，针对编辑编审需要完善的工作进行了讨论，落实责任人和参与人员、途径、时间节点、工作要求、工作标准，并安排部署下一步工作任务。

2023 年 6 月 3 日下午，在西安未央区唐人文化公司会议室召开图册修改讨论会，罗平平副总经理详细解说了修改内容。会议形成了三项修改共识：①图册封面重新优化设计，封面语录要注明作者；②中国近现代案例较多，平分为上下两册设计；③图册封面设计时考虑下面用万里长城，上面用中国空间站的背景照片，分别作为古代及近现代超级工程的典型代表。何欣博士、闫丽娜、李晓飞等参加了会议。

2023 年 6 月 5 日，为落实胡文瑞院士近期对《超级工程概论》编辑编审工作的批示和要求，在中国石油勘探开发研究院廊坊科技园区会议中心 518 会议室，编辑编审团队、东北大学工业智能与系统优化国家级前沿科学中心 / 智能工业数据解析与优化教育部重点实验室、科学出版社及唐人文化公司的相关人员召开了《超级工程概论》编辑编审工作交流协调会。会议针对《超级工程概论》编辑编审工作所遇到的一些困难和问题进行了交流和协调。

2023 年 6 月 12 日，胡文瑞院士组织编辑编审团队、东北大学工业智能与系统优化国家级前沿科学中心 / 智能工业数据解析与优化教育部重点实验室、科学出版社及唐人文化公司相关人员，在中国石油勘探开发研究院廊坊科技园区会议中心第二会议室召开《超级工程概论》编辑编审工作研讨会。参会人员包括胡文瑞、王俊仁、闫建文、于鸿春、王焕弟、何军、何欣、徐立坤、张杰、韩墨言、张剑峰、朱德明、耿建业、吴凡洁、赵国栋、苏丽杰、沈芬、罗平平。会议针对《超级工程概论》编辑编审工作进展进行了审查，并针对工作中所遇到的一些困难和问题进行了沟通协调，本次会议有效地推动了《超级工程概论》编辑编审工作的顺利完成。

2023 年 6 月 21 日，在中国石油勘探开发研究院主楼第九会议室，中国石油团队、东北大学工业智能与系统优化国家级前沿科学中心 / 智能工业数据解析与优化教育部重点实验室团队、科学出版社团队及唐人文化公司相关人员召开超级工程研究有关工作沟通协调会。会议针对超级工程研究相关成果进入空间站以及《超级工程概论》交接备忘录中未尽事宜的完善情况进行了沟通和协调。

2023 年 6 月 25 日，在中国工程院 318 会议室召开"超级工程研究与排行榜"项目深化研究讨论会，会议采用线上线下结合方式，刘合院士主持会议，胡文瑞院士在会议开始做了重要发言，充分肯定了超级工程四年的研究成果，并对后续工作开展做出了详细的部署和安排。中国工程院参加视频会议的院士有：胡文瑞（现场）、王基铭（线上）、刘合（现场）、唐立新（线上）。中国石油团队、东北大学工业智能与系统优化国家级前沿科学中心 / 智能工业数据解析与优化教育部重点实验室团队、清华大学（含北京建筑大学）团队、北京大学团队、合肥工业大学团队、河钢集团团队、成都理工大学团队、北京航空航天大学团队、长庆油田团队、东北石油大学团队、西安交通大学团队、中国石油化工集团公司、中国石油大学（北京）、中国石油企业杂志社、中国科学院科创发展办公室、中石化勘探开发研究、北京博奥问道企业管理咨询有限公司等 17 个研究团队或单位（学校）的 70 多位专家学者出席了本次会议。会议针对项目研究及编辑编审工作提出了具体的建议及安排。

2023 年 7 月 6 日，为了推动"超级工程研究与排行榜"项目稳步实施，胡文瑞院士组织相关人员，在北京中国石油勘探开发研究院科技会议中心第一会议室召开专题研讨会。王俊仁、付金华、鲍敬伟、何欣、徐立坤线下参会，许特、朗劲、赵国栋线上参会。会议针对"超级工程研究与排行榜"项目实施中的一些具体问题进行了讨论并达成共识。

2023 年 7 月 23 日，胡文瑞院士组织相关人员，在北京大学博雅国际酒店大学堂 2 号厅召开"超级工程研究与排行榜"推进会，针对"中国古代超级工程排行榜"进行研讨。会议采用线上和线下结合的方式召开。参加会议的院士有胡文瑞、王基铭、刘合、杨善林和唐立新等。中国石油团队、东北大学工业智能与系统优化国家级前沿科学中心 / 智能工业数据解析与优化教育部重点实验室团队、清华大学（北京建筑大学）团队、北京大学团队、合肥工业大学团队、河钢集团团队、成都理工大学团队、唐人文化公司、科学出版社 9 个团队或单位的共 75 位院士、专家参加会议。通过本次会议：①完成了"中国古代超级工程排行榜"编审交接工作；②明确了"超级工程概览"的撰写与编辑编审工作；③明确了各研究团队关于"超级工程排行榜"编辑编审的下一步工作任务；④提出了编辑编审工作的具体要求。

2023 年 7 月 26 日，胡文瑞院士在西安组织相关人员召开"超级工程地理分布图和历史年代时间轴图研究"出版讨论会。会议完成了"超级工程地理分布图和历史年代时间轴图研究"的设计委托，并针对图册设计的相关期望和要求进行了讨论，达成一致意见。设计需要从受众的角度出发，以扩大影响为目标。由唐人文化团队，发挥自己专业的设计思路，进一步提升单册出版的地理分布图和历史年代时间轴图的设计水平和设计质量，兼顾封面和内容，按照合同完成 12 张基础图的设计内容，每张图给出两套方案，与科学出版社进一步商讨图册的组合出版方式，提出整体的设计方案。

2023 年 8 月 6 日，针对"超级工程研究与排行榜"研究项目，胡文瑞院士组织相关人员在北京邯钢宾馆二楼会议室召开"世界近现代超级工程排行榜"编辑编审讨论会，中国石油团队王俊仁、付金华、张磊、鲍敬伟、何欣、徐立坤，河钢集团王新东、钟金红、王凡、张倩、杨楠、郝良元、刘金哲、侯长江，东北大学许特、张颜颜，科学出版社吴凡洁，北京大学何冠楠、王宗宪，北京建筑大学祝磊，合肥工业大学李霄剑，成都理工大学王丹，唐人文化罗平平共 24 人参加了会议。会议完成了"世界近现代超级工程排行榜"编辑编审交接工作，胡院士作了总结讲话，对编辑编审工作提出了具体要求，细化明确了"超级工程研究与排行榜"各研究团队在编辑编审过程中的注意事项。

2023 年 8 月 8 日，为了进一步推动"超级工程研究与排行榜"稳步实施，胡文瑞院士在清华大学新土木馆 429 会议室组织并召开"中国近现代超级工程排行榜"（案例 1～150）编辑编审讨论会。会议完成了"中国与世界古代、近现代超级工程名录"与"中国近现代超级工程排行榜"（案例 1～150）编辑编审交接工作。胡文瑞院士对编辑编审工作提出了具体要求，并进一步细化明确了"超级工程研究与排行榜"各研究团队在编辑编审过程中的注意事项。中国石油团队胡文瑞、王俊仁、付金华、张磊、何欣、徐立坤，清华大学方东平、冯鹏、施刚、马吉明、胡羿霖、沈宇斌、刘年凯、刘磊、黄玥诚、王尧、张桎淮、李泊宁，东北大学工业智能与系统优化国家级前沿科学中心 / 智能工业数据解析与优化教育部重点实验室朗劲、赵国栋，科学出版社耿建业，北京大学陆胤、王剑晓、黄静思，河钢集团王新东，北京建筑大学祝磊、易伟同、蒋永慧、刘兴奇、路鸣宇，合肥工业大学李霄剑，成都理工大学王丹，唐人文化贾枝桦、罗平平共 34 人参加了本次会议。

2023 年 8 月 15 日，课题组针对"超级工程研究与排行榜"研究项目，在成都理工大学行政楼三楼第三会议室，组织召开"世界古代超级工程排行榜"编辑编审讨论会，会议由王俊仁教授主持，胡文瑞院士在会议中作了重要讲话，王基铭院士作了总结讲话，通过本次会议完成了"世界古代超级工程排行榜"编辑编审交接工作。中国工程院胡文瑞院士、王基铭院士，中国石油团队王俊仁、付金华、张磊、鲍敬伟、任利明、陆浩、李莉、何欣、徐立坤，成都理工大学刘清友、许强、范宣梅、李智武、罗永红、赵伟华、吉锋、马春驰、崔圣华、张岩、罗璟、林汐璐、王丹，东北大学工业智能与系统优化国家级前沿科学中心 / 智能工业数据解析与优化教育部重点实验室许特、赵国栋，科学出版社吴凡洁，北京大学宋洁、吴林瀚、黄晶、袁业浩，河钢集团王新东、郝良元，北京建筑大学祝磊，合肥工业大学李霄剑，唐人文化贾枝桦、罗平平共 37 人参加了本次讨论会。

2023 年 8 月 17 日，胡文瑞院士组织相关人员在合肥工业大学工程管理与智能制造研究中心第三报告厅，针对"超级工程研究与排行榜"研究项目召开"中国近现代超级工程排行榜"（案例 151～299）编辑编审讨论会，会上胡文瑞院士作了重要讲话，丁烈云院士作了院士发言，杨善林院士作了会议总结。本次会议顺利完成了"中国近现代超级工程排行榜"（案例 151～299）编辑编审交接工作，并结合历次排行榜编辑编审讨论会的要求，针对编辑编审工作提出了综合的具体要求。中国工程院胡文瑞院士、丁烈云院士、杨善林院士，中国石油团队王俊仁、付金华、张磊、何欣、徐立坤，合肥工业大学刘心报、梁昌勇、刘业政、胡笑旋、张强、付超、姜元春、焦建玲、裴军、李霄剑、丁帅、周开乐、顾东晓、罗贺、莫杭杰、彭张林、王国强、王浩、李玲、郅伦海、汪亦显、张爱勇、袁海平、项乃亮、李贝贝、高鹏、刘佩贵、韩丁、刘武、刘广、刘用、丁卓越，东北大学工业智能与系统优化国家级前沿科学中心 / 智能工业数据解析与优化教育部重点实验室许特、苏丽杰，科学出版社吴凡洁，北京大学何冠楠、王剑晓，北京建筑大学祝磊，河钢集团郝良元，成都理工大学赵伟华，唐人文化贾枝桦、罗平平共 50 人参加了本次研讨会。

2023 年 8 月 26 日至 27 日，受胡文瑞院士委托，为进一步推进"超级工程概览"撰写工作，课题组在沈阳东北大学工业智能与系统优化国家级前沿科学中心 / 智能工业数据解析与优化教育部重点实验室易购大厦 S23 会议室，组织召开了"中国古代超级工程概览"研讨会。会议明确"概览"在系列丛书中的定位和作用，并针对《中国古代超级工程概览》书稿中八个章节，针对性地从逻辑架构、案例分析、研究方法、规律总结、价值提炼、经验启示等多个方面，提出了几十条具体的补充、删减、调整及修改的建议；会议同时要求中国近现代、世界古代以及世界近现代"超级工程概览"参照进行修改。中国石油团队王俊仁、付金华、张磊、徐立坤、陈潇，东北大学工业智能与系统优化国家级前沿科学中心 / 智能工业数据解析与优化教育部重点实验室许特、朗劲、赵任、赵国栋、高振、陈宏志、杨阳、刘文博、郭振飞、董志明、齐曦、王显鹏、汪恭书、王佳惠、张颜颜、苏丽杰、杜金铭、张家宁、王坤、车平、宋光、秦诗悦、常爽爽、纪东、杨钟毓，科学出版社吴凡洁，北京大学高锋，北京建筑大学祝磊共 33 人参加了本次讨论会。

"超级工程研究"本身就是一项"超级工程"，先后组织 43 个研究团队，其中 3 个为骨干研究团队；参与研究的人员共计 751 人，其中院士 49 位、专家学者 200 余人；105 家各类企业、研究院所，其中世界 500 强企业 15 家；19 所大学，其中著名大学 9 所。4 年来召开大中型研讨会议 126 场次，其中大型研讨会议 54 场次，时间最长的连续 11 天，小规模内部研讨会几百场次，查阅了大量的资料，走访了许多企业、研究机构、档案馆所和专业人士，试图将超级工程的各个层面完整地展现出来，但人类历史发展的漫长岁月里，有太多的伟大工程值得被记录和研究。

在"超级工程研究"进入了关键时期，中国石油集团公司为了支持"超级工程研究"，专项设立"超级工程研究与排行榜"深化研究课题，包括 8 个子课题，进一步提升超级工程研究的质量和水平。中国石油编辑编审团队集中于廊坊研究院密闭研究，争取 2023 年底出版《超级工程概论》，向伟大的中华人民共和国成立 73 周年献礼。同时，在中国石油集团公司支持下，使超级工程研究成果、系列丛书和系列图册，尽快与广大读者见面。

最后，代表中国工程院"超级工程研究"课题组，衷心感谢"超级工程研究"的顾问团队、骨干团队和参与研究的企业、院校、研究机构全体人员。

特别感谢中国石油天然气集团公司在关键时刻的大力支持。

特别感谢许特副教授和鲍敬伟主任、何欣博士、徐立坤博士。

附 1　中国工程院"超级工程研究"领导小组名单

附 2　中国工程院"超级工程研究"顾问团队名单

附 3　中国工程院"超级工程研究"主要成员名单

附 4　中国工程院"超级工程研究"全体参与人员名单

胡文瑞

2023 年 6 月 17 日于辛店路 1 号林楠院初稿

2023 年 8 月 27 日（农历七月十二）于东坡居二稿

2023 年 11 月 29 日于中国石油勘探开发研究院终稿

附1 中国工程院"超级工程研究"领导小组名单

胡文瑞：中国石油天然气集团有限公司，中国工程院院士、教授级高级工程师、博士生导师、中国工程院工程管理学部第六届副主任和第七届主任、全国企业管理现代化创新成果评审委员会主任，丛书主编（课题组组长）、总策划人、总审稿人

王基铭：中国石化集团公司，中国工程院院士、教授级高级工程师、博士生导师、中国工程院工程管理学部第五届主任，丛书副主编（课题组副组长）、总审稿人

刘　合：中国石油勘探开发研究院，中国工程院院士、教授级高级工程师、博士生导师、国际石油工程师协会专家咨询委员会委员、SPE东南亚区域执行主席，丛书副主编（课题组副组长）、总审稿人

唐立新：东北大学工业智能与系统优化国家级前沿科学中心，中国工程院院士、副校长、教授、博士生导师、第十四届全国人大代表、中心主任、首席科学家，智能工业数据解析与优化教育部重点实验室主任，丛书副主编（课题组副组长）兼秘书长、总审稿人

王俊仁：中国石油天然气集团有限公司，曾任中亚地区公司副总经理、西非地区公司总经理、中国石油国家高端智库特聘专家、教授级高级经济师，丛书副秘书长（执行）[课题组（执行）副秘书长]、总执笔人

聂淑琴：中国工程院，工程管理学部办公室主任，丛书副秘书长（课题组副秘书长）

鲍敬伟：中国石油勘探开发研究院，科技中心副主任、高级工程师，丛书副秘书长（课题组副秘书长）

许　特：东北大学工业智能与系统优化国家级前沿科学中心，副主任、副教授，丛书副秘书长（课题组副秘书长）、主要撰稿人

特别说明：领导小组主要负责丛书总的策划、设计和组织工作；负责《超级工程概论》《中国古代超级工程概览》《中国近现代超级工程概览》《世界古代超级工程概览》《世界近现代超级工程概览》设计、撰写、编辑编审工作；负责"超级工程排行榜""超级工程排行榜名录""超级工程地理分布图""超级工程历史年代时间轴图"设计、编辑编审工作。

附 2 中国工程院"超级工程研究"顾问团队名单

徐匡迪：第十届全国政协副主席、中国工程院原院长、中国工程院院士

朱高峰：原国家邮电部副部长、中国工程院原副院长、中国工程院院士

何华武：中国工程院原副院长、中国工程院院士

殷瑞钰：原国家冶金部副部长，原总工程师，中国工程院工程管理学部第一、第二、第三届主任，中国工程院院士

翟光明：中国石油勘探开发研究院原院长、中国工程院院士

何继善：中南大学原校长、教授、中国工程院院士、能源与矿业工程学部原主任

袁晴棠：中国石化集团总公司原总工程师、中国工程院院士

傅志寰：原国家铁道部部长、中国工程院院士

王玉普：应急管理部原部长、中国工程院原副院长、党组副书记、中国工程院院士

汪应洛：西安交通大学教授、中国工程院院士

陆佑楣：水利部原副部长、三峡水利枢纽建设原总指挥、中国工程院院士

王礼恒：中国航天科技集团原总经理、中国工程院工程管理学部第四届主任、中国工程院院士

孙永福：原国家铁道部正部长级副部长、中国工程院工程管理学部第六届主任、中国工程院院士

许庆瑞：浙江大学教授，中国工程院院士

特别说明：顾问团队排序遵循中国工程院工程管理学部传统习惯。顾问团队职责为负责课题设计、定向、咨询、研究和研讨工作，多数顾问参与了超级工程研讨和排行榜案例撰写工作。

附 3　中国工程院"超级工程研究"主要成员名单

胡文瑞：中国石油天然气集团有限公司，中国工程院院士、教授级高级工程师、博士生导师、中国工程院工程管理学部第六届副主任和第七届主任、全国企业管理现代化创新成果评审委员会主任，丛书主编（课题组组长）、总策划人、总审稿人

王基铭：中国石化集团公司，中国工程院院士、教授级高级工程师、博士生导师、中国工程院工程管理学部第五届主任，丛书副主编（课题组副组长）、总审稿人

刘　合：中国石油勘探开发研究院，中国工程院院士、教授级高级工程师、博士生导师、国际石油工程师协会专家咨询委员会委员、SPE东南亚区域执行主席，丛书副主编（课题组副组长）、总审稿人

唐立新：东北大学工业智能与系统优化国家级前沿科学中心，中国工程院院士、副校长、教授、博士生导师、第十四届全国人大代表、中心主任、首席科学家，智能工业数据解析与优化教育部重点实验室主任，丛书副主编（课题组副组长）兼秘书长、总审稿人

卢春房：国家铁道部原副部长、中国国家铁路集团有限公司原常务副总经理、中国铁道学会第七届会长、正高级工程师、博导、中国工程院工程管理学部第八届主任、中国工程院院士，铁路工程案例撰稿人

黄其励：国家电网公司一级顾问、国家能源集团电力首席科学家、教授级高级工程师、博士生导师、能源与矿业工程学部第八届主任、中国工程院院士，能源工程案例撰稿人

黄维和：中国石油原副总裁、中国石油企业协会学术委员会主任、国家管网公司技术委员会主任、教授级高级工程师、博士生导师、中国工程院院士，管道工程案例撰稿人

丁烈云：华中科技大学原校长、教授、博士生导师、中国工程院院士，建筑工程案例撰稿人

戴厚良：中国石油天然气集团公司董事长、党组书记、教授级高级工程师、博士生导师、中国工程院院士，重点支持超级工程研究

孙丽丽：中国石化炼化工程集团和中国石化工程建设有限公司董事长、全国工程勘察设计大师、正高级工程师、博士、博士生导师、北京市科协副主席、中国工程院院士，石化工程案例撰稿人

曹建国：中国航空发动机研究院集团董事长、教授级高级工程师、博士生导师、中国工程院院士，参与研究

杨善林：合肥工业大学教授、博士生导师、中国工程院院士，综合工程案例撰稿人

谢玉洪：中国海油集团首席科学家、科学技术委员会主席、教授级高级工程师、博士生导师、中国工程院院士，海洋工程案例撰稿人

特别说明：该名单不包括顾问团队名单。"超级工程研究"主要成员按参与超级工程研究先后时间、承担任务权重排序。均参与了超级工程概论、古今中外超级工程概览部分的研究，有些还是超级工程排行榜的撰稿人或超级工程图册的设计者。

陈晓红：湖南工商大学校长、教授、博士生导师、中国工程院院士，制造工程案例撰稿人

范国滨：中国工程物理研究院、教授、博士生导师、中国工程院院士，军工工程案例撰稿人

金智新：太原理工大学学术委员会主任、教授级高级工程师、博士生导师、中国工程院院士，煤炭工程案例撰稿人

凌　文：山东省人民政府副省长、教授级高级工程师、博士生导师、中国工程院院士，参与超级工程研究

向　巧：中国航发副总经理、教授、博士生导师、中国工程院院士，航空工程案例撰稿人

林　鸣：中国交建总工程师、首席科学家、教授、博士生导师、中国工程院院士，交通工程案例撰稿人

王自力：北京航空航天大学教授、博士生导师、中国工程院院士，军工工程案例撰稿人

李贤玉：解放军火箭军研究院某所所长、研究员、解放军少将、军队卓越青年、中国工程院院士，导弹工程案例撰稿人

王俊仁：中国石油天然气集团有限公司教授级高级经济师，曾任中亚地区公司副总经理、西非地区公司总经理，中国石油国家高端智库特聘专家，丛书副秘书长（执行）［课题组（执行）副秘书长］、总执笔人

许　特：东北大学工业智能与系统优化国家级前沿科学中心副主任、副教授，丛书副秘书长（课题组副秘书长）、"超级工程丛书"主要撰稿人

方东平：清华大学土木水利学院院长、教授、博士生导师，土木工程案例撰稿人

宋　洁：北京大学工学院党委书记、长江学者、北京大学博雅特聘教授、博士生导师，信息工程案例撰稿人

郎　劲：东北大学工业智能与系统优化国家级前沿科学中心副教授、博士，"超级工程丛书"主要撰稿人

赵国栋：东北大学工业智能与系统优化国家级前沿科学中心主任助理、博士，"超级工程丛书"主要撰稿人

赵　任：东北大学工业智能与系统优化国家级前沿科学中心副教授，"超级工程丛书"主要撰稿人

聂淑琴：中国工程院工程管理学部办公室主任，丛书副秘书长（课题组副秘书长）

鲍敬伟：中国石油勘探开发研究院科技中心副主任、高级工程师，丛书副秘书长（课题组副秘书长）

王新东：河钢集团专家委员会副主任和首席技术官、河北金属学会理事长、正高级工程师，钢铁等工程案例撰稿人

钟　晟：国家发改委与西安交通大学共建改革试点探索与评估协同创新中心研究员、陕西省决咨委委员，工程案例撰稿人

刘清友：成都理工大学书记、长江学者、博士、教授、博士生导师，地质工程案例撰稿人

梁　樑：合肥工业大学原校长、杰青、长江学者、教授、博士生导师，综合工程案例撰稿人

祝　磊：北京建筑大学土木与交通学院、教授、博士生导师，土木工程案例撰稿人

罗平平：唐人文化公司副总经理，超级工程地理分布图等主要设计人

邵安林：鞍钢集团副总经理、教授级高级工程师、中国工程院院士，工程案例撰稿人

李家彪：自然资源部第二海洋研究所原所长、浙江省海洋科学院院长、浙江省科协副主席、中国海洋学会副理事长、联合国海洋十年大科学计划首席科学家、博士、研究员、中国工程院环境与轻纺工程学部副主任、中国工程院院士，海洋工程案例撰稿人

黄殿中：中国信息安全测评中心教授、中国工程院院士，信息工程案例撰稿人

孙友宏：中国地质大学（北京）校长、博士、教授、中国工程院院士，钻井工程案例撰稿人

张来斌：中国石油大学（北京）原校长、全国政协常委、国家应急部油气生产安全及技术重点实验室主任、教授、博士生导师、中国工程院院士，石油工程案例撰稿人

赵文智：中国石油勘探开发研究院原院长、工学博士、石油地质勘探专家、教授级高级工程师、博士生导师、国家能源局油气战略研究中心专家委员会主任、中国工程院院士，油田工程审稿人

聂建国：清华大学学术委员会主任、杰青、长江学者、教授、博士生导师、中国土木工程学会副理事长、中国工程院土水建工程学部主任、中国工程院院士，土木工程审稿人

杨　宏：中国航天集团空间技术研究院（五院）研究员、中国载人航天工程空间站系统总设计师、工学博士、中国工程院院士，空间站工程案例撰稿人

王　坚：阿里巴巴集团公司技术委员会主席、教授级高级工程师、中国工程院院士，信息工程案例撰稿人

王金南：生态环境部环境规划院原院长、研究员、中国环境科学学会理事长、全国政协常委、人资环委副主任、中国工程院院士，环境工程案例撰稿人

杨长风：中国卫星导航系统工程管理办公室原主任、北斗卫星导航系统工程总设计师、正高级工程师、中国工程院院士，卫星工程案例撰稿人

郭庆新：东北大学工业智能与系统优化国家级前沿科学中心教授，超级工程撰稿人

孟　盈：东北大学工业智能与系统优化国家级前沿科学中心教授，超级工程撰稿人

王显鹏：东北大学工业智能与系统优化国家级前沿科学中心教授，超级工程撰稿人

汪恭书：东北大学工业智能与系统优化国家级前沿科学中心教授，超级工程撰稿人

苏丽杰：东北大学工业智能与系统优化国家级前沿科学中心副教授，超级工程撰稿人

吴　剑：东北大学工业智能与系统优化国家级前沿科学中心讲师，超级工程撰稿人

宋　光：东北大学工业智能与系统优化国家级前沿科学中心讲师，超级工程撰稿人

刘　畅：东北大学工业智能与系统优化国家级前沿科学中心讲师，超级工程撰稿人

杜金铭：东北大学工业智能与系统优化国家级前沿科学中心副教授，超级工程撰稿人

高　振：东北大学工业智能与系统优化国家级前沿科学中心副教授，超级工程撰稿人

许美玲：东北大学工业智能与系统优化国家级前沿科学中心讲师，超级工程撰稿人

陈宏志：东北大学工业智能与系统优化国家级前沿科学中心副教授，超级工程撰稿人

李开孟：中国国际工程咨询有限公司总经济师、研究员，参与研究

张秀东：中国石化集团工程公司副总经理、教授级高级工程师，石化工程案例撰稿人

张颜颜：东北大学工业智能与系统优化国家级前沿科学中心教授，超级工程案例撰稿人

杨　阳：东北大学工业智能与系统优化国家级前沿科学中心教授，超级工程案例撰稿人

宋相满：东北大学工业智能与系统优化国家级前沿科学中心主任助理，超级工程案例撰稿人

魏一鸣：北京理工大学副校长、教授、博士生导师，参与研究

贾枝桦：唐人文化董事长、中国工业设计协会常务理事、中国油画学会理事、经济学博士、独立艺术家、教授级高级工程师，超级工程地理分布图设计人

李新创：冶金工业规划研究院院长、教授、中国钢铁论坛创始人，钢铁工程案例撰稿人

王慧敏：河海大学教授、博士生导师、长江学者，水利工程案例撰稿人、参与超级工程研究

张家宁：智能工业数据解析与优化教育部重点实验室（东北大学）副教授，超级工程撰稿人

郭振飞：智能工业数据解析与优化教育部重点实验室（东北大学）讲师，超级工程撰稿人

董志明：智能工业数据解析与优化教育部重点实验室（东北大学）讲师，超级工程撰稿人

白　敏：智能工业数据解析与优化教育部重点实验室（东北大学）讲师，超级工程撰稿人

王佳惠：智能工业数据解析与优化教育部重点实验室（东北大学）副主任，超级工程撰稿人

王　尧：清华大学博士生，超级工程审稿人

马琳瑶：清华大学博士生，超级工程审稿人

曹思涵：清华大学博士生，工程案例撰稿人

王丽颖：清华大学博士生，工程案例撰稿人

何冠楠：北京大学助理教授、博士生、国家级青年人才，工程案例撰稿人

赵伟华：成都理工大学副教授，工程案例撰稿人

王剑晓：北京大学助理研究员、科技部国家重点研发计划青年科学家，工程案例撰稿人

张　磊：中国石油大学（北京）副教授，石油工程案例撰稿人

杨钟毓：智能工业数据解析与优化教育部重点实验室（东北大学）科研与教学科科长，超级工程撰稿人

常军乾：中国工程院正处级巡视员、工程管理学部办公室副主任，参与超级工程研究

吕建中：中国石油国家高端智库专职副主任、学术委员会秘书长、教授级高级经济师，参与超级工程研究

杨　虹：中国石油经济技术研究院首席专家、教授级高级工程师，古建筑工程案例撰稿人

徐文伟：华为技术有限公司科学家咨询委员会主任、教授级高级工程师，信息工程案例撰稿人

张建勇：能新科能源技术股份有限公司创始人，能源工程案例撰稿人

林　枫：中国船舶集团第七〇三所所长、研究员，船舶工程案例撰稿人

曲天威：中国中车副总经理兼总工程师、教授级高级工程师，制造工程案例撰稿人

王　军：中国中车集团有限公司副总裁、教授级高级工程师，制造工程案例撰稿人

李　青：东旭光电科技集团总工程师、博士生导师、教授级高级工程师，工程案例撰稿人

王京峰：中国石油长庆油田公司巡察办处长、高级经济师，石油工程案例撰稿人

何江川：中国石油天然气股份有限公司副总裁、教授级高级工程师，石油工程案例审稿人

王建华：中国水利水电科学研究院副院长、正高级工程师，水利工程案例撰稿人

王安建：中国地质科学研究院矿产资源战略研究所首席科学家、教授、博士生导师，矿产工程案例撰稿人

王荣阳：中国航空工业集团公司政研室主任、研究员，航空工程案例审稿人

李　达：中国海油研究总院结构总师、教授级高级工程师，海洋工程案例撰稿人

徐宿东：东南大学东港航工程系主任、教授级高级工程师、博士生导师，工程案例撰稿人

刘泽洪：国家电网原副总经理、教授级高级工程师，能源工程案例审稿人

张来勇：中国寰球工程有限公司首席技术专家、技术委员会主任、正高级工程师，石化工程案例撰稿人

傅　强：中集（烟台）来福士海洋工程公司设计研究院副院长、高级工程师，海洋工程案例撰稿人

王道军：火箭军研究院室副主任、研究员、博士，导弹工程案例撰稿人

李晓雪：解放军总医院医学创新研究部灾害医学研究中心主任、上校、副主任医师，医院建造工程案例审稿人

陈晓明：上海建工集团股份有限公司总工程师、教授级高级工程师，建筑工程案例撰稿人

袁红良：沪东中华造船（集团）有限公司研究所副所长、教授级高级工程师，船舶工程案例撰稿人

邵　茂：北京城建集团有限责任公司工程总承包部项目总工程师、高级工程师，建筑工程案例撰稿人

王定洪：冶金工业规划研究院总设计师、正高级工程师，冶金工程案例撰稿人

关中原：国家管网研究总院《油气储运》杂志社社长、教授级高级工程师，管道工程案例撰稿人

何　欣：中国石油勘探开发研究院高级工程师，编辑编审人

徐立坤：中国石油勘探开发研究院高级工程师，编辑编审人

范体军：华东理工大学教授，工程案例撰稿人

李妍峰：西南交通大学教授，工程案例撰稿人

罗　彪：合肥工业大学教授，工程案例撰稿人

翁修震：合肥工业大学硕士生，工程案例撰稿人

陈佳仪：合肥工业大学硕士生，工程案例撰稿人

张　勇：国家能源投资集团科技与信息化部经理、教授级高级工程师，能源矿业工程案例撰稿人

李　治：北京大学博士生，工程案例撰稿人

王宗宪：北京大学博士后，工程案例撰稿人

钟金红：河钢集团有限公司科技创新部副总经理、正高级工程师，钢铁工程案例撰稿人

王　凡：河钢集团有限公司科技创新部高级经理、高级工程师，钢铁工程案例撰稿人

任　羿：北京航空航天大学可靠性工程研究所副所长、研究员，军工案例撰稿人

冯　强：北京航空航天大学可靠性工程研究所工程技术中心主任、副研究员，军工案例撰稿人

田京芬：中国铁道出版社原社长和总编辑、中国铁道学会副秘书长、铁路科技图书出版基金委员会秘书长、高级工程师，铁道工程案例撰稿人

贾光智：中国铁道科学研究院信息所副所长、研究员，铁道工程案例撰稿人

附 4 中国工程院"超级工程研究"全体参与人员名单

1. 东北大学工业智能与系统优化国家级前沿科学中心／智能工业数据解析与优化教育部重点实验室团队
（骨干团队，负责理论研究、案例撰写、编辑编审）

唐立新：东北大学工业智能与系统优化国家级前沿科学中心，中国工程院院士，副校长

许　特：东北大学工业智能与系统优化国家级前沿科学中心，副主任

郎　劲：东北大学工业智能与系统优化国家级前沿科学中心，副教授

赵国栋：东北大学工业智能与系统优化国家级前沿科学中心，主任助理

赵　任：东北大学工业智能与系统优化国家级前沿科学中心，副教授

郭庆新：东北大学工业智能与系统优化国家级前沿科学中心，常务副主任、教授

孟　盈：东北大学工业智能与系统优化国家级前沿科学中心，副主任、教授

王显鹏：东北大学工业智能与系统优化国家级前沿科学中心，教授

汪恭书：东北大学工业智能与系统优化国家级前沿科学中心，教授

苏丽杰：东北大学工业智能与系统优化国家级前沿科学中心，副教授

张颜颜：东北大学工业智能与系统优化国家级前沿科学中心，教授

杨　阳：东北大学工业智能与系统优化国家级前沿科学中心，教授

宋　光：东北大学工业智能与系统优化国家级前沿科学中心，博士

吴　剑：东北大学工业智能与系统优化国家级前沿科学中心，博士

刘　畅：东北大学工业智能与系统优化国家级前沿科学中心，博士

杜金铭：东北大学工业智能与系统优化国家级前沿科学中心，副教授

高　振：东北大学工业智能与系统优化国家级前沿科学中心，副教授

陈宏志：东北大学工业智能与系统优化国家级前沿科学中心，副教授

宋相满：东北大学工业智能与系统优化国家级前沿科学中心，主任助理

张家宁：东北大学工业智能与系统优化国家级前沿科学中心，副教授

许美玲：东北大学工业智能与系统优化国家级前沿科学中心，副教授

赵胜楠：智能工业数据解析与优化教育部重点实验室（东北大学），博士

白　敏：智能工业数据解析与优化教育部重点实验室（东北大学），博士

王　坤：智能工业数据解析与优化教育部重点实验室（东北大学），副教授

特别说明：该名单包括"超级工程研究"领导小组成员、顾问团队成员、主要研究成员、案例撰写成员、编辑编审成员，称之为"'超级工程研究'全体参与人员名单"。按照承担任务权重、参与研究先后排序。

秦诗悦：智能工业数据解析与优化教育部重点实验室（东北大学），博士

常爽爽：智能工业数据解析与优化教育部重点实验室（东北大学），博士

郭振飞：智能工业数据解析与优化教育部重点实验室（东北大学），博士

纪　东：智能工业数据解析与优化教育部重点实验室（东北大学），博士

董志明：智能工业数据解析与优化教育部重点实验室（东北大学），博士

王佳惠：智能工业数据解析与优化教育部重点实验室（东北大学），副主任

杨钟毓：智能工业数据解析与优化教育部重点实验室（东北大学），科长

齐　曦：智能工业数据解析与优化教育部重点实验室（东北大学），科研助理

2. 中国石油团队（骨干团队、负责策划设计、理论研究、案例撰写、编辑编审）

胡文瑞：中国石油天然气集团公司，中国工程院院士

翟光明：中国石油天然气集团公司，中国工程院院士

赵文智：中国石油勘探开发研究院，中国工程院院士

刘　合：中国石油勘探开发研究院，中国工程院院士

戴厚良：中国石油天然气集团公司，中国工程院院士

黄维和：中国石油规划总院，中国工程院院士

孙焕泉：中国石化集团公司，中国工程院院士

王俊仁：中国石油国家高端智库特聘专家，教授级高级经济师

马新华：中国石油勘探开发研究院，教授级高级工程师

何江川：中国石油天然气股份有限公司，教授级高级工程师

李国欣：中国石油天然气集团公司，教授级高级工程师

付金华：中国石油长庆油田，教授级高级工程师

刘新社：中国石油长庆油田勘探开发研究院，副院长，教授级高级工程师

孙新革：中国石油新疆油田，首席技术专家，教授级高级工程师

王玉华：中国石油玉门油田党委宣传部，副部长，教授级高级工程师

王　鹏：中国石油大庆油田勘探开发研究院，常务副院长，高级工程师

闫建文：中国石油勘探开发研究院，文献档案馆书记、副馆长，石油精神（石油科学家精神）研究中心首席专家，正高级政工师

鲍敬伟：中国石油勘探开发研究院，科技中心副主任，高级工程师

何　欣：中国石油勘探开发研究院，高级工程师

徐立坤：中国石油勘探开发研究院，高级工程师

于鸿春：中国石油辽河油田，教授级高级工程师

何　军：中国石油规划总院，教授级高级工程师

张　杰：中国石油勘探开发研究院，美术编辑

王焕弟：石油工业出版社，编审

戴　娜：中国石油长庆油田，教授级高级工程师

陈　潇：中国石油规划总院，中级编辑

3. 清华大学团队（骨干团队，负责理论研究、综合案例撰写、编辑编审）

聂建国：清华大学，中国工程院院士

方东平：清华大学，教授

祝　磊：北京建筑大学，教授

曹思涵：清华大学，博士生

王　尧：清华大学，博士生

马琳瑶：清华大学，博士生

黄玥诚：清华大学，助理研究员

王丽颖：清华大学，博士生

徐意然：清华大学，博士生

傅远植：清华大学，硕士生

徐健朝：清华大学，本科生

张思嘉：清华大学，本科生

尹　飞：北京建筑大学，博士后

易伟同：北京建筑大学，博士生

蒋永慧：北京建筑大学，博士生

刘兴奇：北京建筑大学，博士生

路鸣宇：北京建筑大学，博士生

郭天裕：北京建筑大学，硕士生

白　杨：北京建筑大学，硕士生

申民宇：北京建筑大学，硕士生

左凌霄：北京建筑大学，硕士生

张福瑶：北京建筑大学，硕士生

吕冬霖：北京建筑大学，硕士生

李　湛：北京建筑大学，硕士生

张建勋：北京建筑大学，硕士生

吴　尧：北京建筑大学，硕士生

杨立晨：北京建筑大学，硕士生

陈　宇：北京建筑大学，硕士生

潘天童：北京建筑大学，硕士生

黄春程：北京建筑大学，硕士生

李隆郅：北京建筑大学，硕士生

姚　宇：北京建筑大学，硕士生

吴宇航：北京建筑大学，硕士生

孙博文：北京建筑大学，硕士生

刘　振：北京建筑大学，博士生

戚正浩：北京建筑大学，硕士生

谭信睿：北京建筑大学，硕士生

徐新瑞：北京建筑大学，硕士生

刘靖宇：北京建筑大学，硕士生

4. 中国石油国家高端智库团队（参与理论研究、案例撰写）

吕建中：中国石油国家高端智库研究中心，专职副主任，教授级高级工程师

杨　虹：中国石油集团经济技术研究院，首席专家，教授级高级工程师

吴　潇：中国石油集团经济技术研究院，高级工程师

孙乃达：中国石油集团经济技术研究院，高级工程师

5. 现代电力团队（电力工程案例撰写）

黄其励：国家电网公司，一级顾问，中国工程院院士

刘泽洪：国家电网公司，全球能源互联网合作组织驻会副主席，教授级高级工程师

张　勇：国家能源投资集团公司科技与信息化部，经理，教授级工程师

田汇冬：国家电网公司设备监造中心，高级主管，高级工程师

张　进：国家电网公司特高压部技术处，处长，高级工程师

刘　杰：国家电网公司特高压部技术处，副处长，高级工程师

韩先才：国家电网公司交流建设部，副主任，教授级高级工程师

李燕雷：国家电网公司特高压部线路处，处长，高级工程师

吕　铎：国家电网公司，高级主管，高级工程师

程述一：国家电网公司经济技术研究院，高级工程师

杜晓磊：国家电网公司经济技术研究院，高级工程师

卢亚军：国家电网经济技术研究院青豫工程成套设计项目，经理，高级工程师

臧　鹏：国家电网公司国外工程公司，经理，高级工程师

刘前卫：国家电网公司科技创新部，副主任，高级工程师

付　颖：国家电网公司，副处长，高级工程师

崔军立：国家电网青海省电力公司，董事长，党委书记，教授级高级工程师

周　杨：国家电网公司直流建设部，高级工程师

魏　争：国家电网经济技术研究院，高级工程师

张亚迪：国家电网公司西南分部，高级工程师

王彦兵：国家电网经研院设计咨询中心水电技术处，副处长，高级工程师

田云峰：国家电网新源张家口风光储示范电站公司，总经理，高级工程师

刘宇石：中国电力科学研究院，高级工程师

陈海波：国家电网智能电网研究院，副院长，教授级高级工程师

郝　峰：国家电网内蒙古东部电力有限公司，高级工程师

黄　坤：国家电网运检部高级主管，高级工程师

刘永奇：国家电网抽水蓄能和新能源部，主任，教授级高级工程师

朱法华：国家能源集团科学技术研究院有限公司，副总经理，教授级高级工程师

许月阳：国家能源集团科学技术研究院有限公司，三级主管，高级工程师

管一明：国家能源集团科学技术研究院有限公司，高级工程师

陆　烨：国家能源集团浙江北仑电厂，高级工程师

许科云：国家能源集团浙江北仑电厂，高级工程师

陈　笔：国家能源集团浙江北仑电厂，高级工程师

闫国春：中国神华煤制油化工有限公司，党委书记、董事长，教授级高级工程师

王　海：国家能源集团浙江公司安全生产部，主任

杨萌萌：国家能源集团大港发电厂，总工程师，高级工程师

周保精：国家能源集团，高级主管，高级工程师

尧　顺：陕西榆林能源集团有限公司，副总经理，教授级高级工程师

杨　文：国家能源集团神东煤炭公司，高级工程师

许联航：国家能源集团神东煤炭公司，高级工程师

郭洋楠：神东煤炭技术研究院，高级工程师

王学深：四川白马循环流化床示范电站公司，董事长，教授级高级工程师

甘　政：四川白马循环流化床示范电站公司，高级工程师

谢　雄：四川白马循环流化床示范电站公司，高级工程师

许世森：华能集团科技部，主任，教授级高级工程师

刘入维：华能集团科技部，副处长，高级工程师

陈　锋：华能国际电力股份有限公司玉环电厂，董事长、党委书记，教授级高级工程师

张　欢：华能集团清洁能源技术研究院有限公司，高级工程师

曹学兴：华能集团华能澜沧江水电公司，高级主管，高级工程师

余记远：华能集团华能澜沧江水电公司，高级主管，高级工程师

任永强：华能集团华能清洁能源研究院，绿色煤电部主任，高级工程师

王瑞超：华能（天津）煤气化发电有限公司，高级工程师

王　超：华能澜沧江水电公司，高级主管，高级工程师

王鹤鸣：大唐集团科技创新部，主任，教授级高级工程师

赵兴安：大唐集团，高级工程师

唐宏芬：大唐集团新能源科学技术研究院太阳能研究所，副所长，高级工程师

李国华：大唐集团科学技术研究总院，院长，教授级高级工程师

李兴旺：内蒙古大唐国际托克托发电有限责任公司，副总经理，教授级高级工程师

董树青：大唐集团，高级主管，高级工程师

赵计平：内蒙古大唐国际托克托发电有限责任公司，高级工程师

龙　泉：大唐集团，主任工程师，高级工程师

夏怀祥：大唐集团新能源科学技术研究院，副院长，教授级高级工程师

陈晓彬：华电集团华电山西公司，党委书记、董事长，教授级高级工程师

杨宝银：华电集团华电乌江公司，副总经理，教授级高级工程师

湛伟杰：华电集团华电乌江公司工程管理部，主任，教授级高级工程师

6. 唐人文化团队（图册设计、综合案例撰写）

贾枝桦：唐人文化，董事长，教授级高级工程师

罗平平：唐人文化，副总经理

沈　芬：唐人文化，副总经理

苏　威：唐人文化，常务副总经理

李晓飞：唐人文化，设计总监

闫丽娜：唐人文化，经理

王浩平：唐人文化，经理

蔺苗苗：唐人文化，设计师

牛玲玲：唐人文化，经理

雷　蕾：唐人文化，设计师

7. 北京航空航天大学团队（军工系统案例撰写）

王礼恒：中国航天科技集团有限公司，中国工程院院士

王自力：北京航空航天大学，中国工程院院士

任　羿：北京航空航天大学可靠性工程研究所，副所长，研究员

冯　强：北京航空航天大学可靠性工程研究所，工程技术中心主任，副研究员

张　悦：北京航空航天大学，博士生

郭　星：北京航空航天大学，博士生

王荣阳：中国航空工业集团有限公司，政研室主任，研究员（审核人员）

汪亚卫：中国航空工业集团有限公司，原集团总工程师，研究员

张聚恩：中国航空工业集团有限公司，原集团科技部部长，航空研究院副院长，研究员

李　志：中国航空工业集团有限公司沈阳飞机设计研究所，科技委专职委员，研究员

8. 中国交建团队（交通行业案例撰写）

林　鸣：中国交建集团，中国工程院院士

刘　攀：东南大学，校党委副书记，教授级高级工程师

陈　峻：东南大学交通学院院长，教授级高级工程师

董　政：中国交建集团港珠澳项目部，副总工程师，高级工程师

徐宿东：东南大学东港航工程系，系主任，教授级高级工程师

冒刘燕：东南大学，博士生

郝建新：东南大学，博士生

刘春雨：东南大学，博士生

谢　雯：东南大学，博士生

刘考凡：东南大学，博士生

陈香橦：东南大学，博士生

韩鹏举：东南大学，博士生

刘佰文：东南大学，博士生

王奕然：东南大学，博士生

何俐烨：东南大学，博士生

吴世双：东南大学，博士生

9. 中国海油团队（海洋工程案例撰写）

谢玉洪：中国海洋石油集团有限公司，中国工程院院士

李　达：中海油研究总院工程研究设计院，结构总师，教授级高级工程师

陈国龙：中海油研究总院工程研究设计院，浮体结构高级工程师

易　丛：中海油研究总院工程研究设计院，浮体结构资深高级工程师

谢文会：中海油研究总院工程研究设计院，深水浮体首席工程师

蒋梅荣：中海油研究总院工程研究设计院，浮体高级工程师

时光志：中海油能源发展股份有限公司 LNG 船务分公司，副经理，高级工程师

傅　强：中集（烟台）来福士海洋工程有限公司设计研究院，副院长，高级工程师

仝　刚：中海油研究总院钻采研究院，工程师

王杏娜：中海石油（中国）有限公司勘探部，主管，工程师

沈怀磊：中海石油（中国）有限公司勘探部，高级主管，高级工程师

王　晨：中海油研究总院勘探开发研究院，部门秘书，经济师

张春宇：中海油研究总院勘探开发研究院，沉积储层工程师
冯晨阳：中海油研究总院勘探开发研究院，实习生

10. 河钢集团团队（钢铁行业案例撰写、参与编辑编审）
殷瑞钰：钢铁研究总院，中国工程院院士
王新东：河钢集团，副总经理，首席技术官，教授级高级工程师
钟金红：河钢集团科技创新部，副总经理，正高级工程师
王　凡：河钢集团科技创新部，高级经理，高级工程师
张　倩：河钢集团《河北冶金》杂志社，社长，高级工程师
杨　楠：河钢集团科技创新部，经理，高级工程师
刘金哲：河钢集团低碳发展研究中心，研究员，高级工程师
侯长江：河钢集团低碳发展研究中心，研究员，高级工程师
郝良元：河钢集团低碳发展研究中心，研究员，高级工程师
李国涛：河钢集团低碳发展研究中心，研究员，高级工程师
刘宏强：河钢集团科技创新部，总经理，教授级高级工程师
田京雷：河钢集团低碳发展研究中心，主任，首席研究员，高级工程师
马　成：河钢材料技术研究院，博士
曹宏玮：河钢材料技术研究院，博士
刘帅峰：河钢材料技术研究院，博士
侯环宇：河钢材料技术研究院低碳发展研究中心，研究员，高级工程师
王雪琦：河钢材料技术研究院，工程师
王耀祖：北京科技大学，副教授

11. 河海大学团队（水利工程案例撰写）
王慧敏：河海大学，教授
薛刘宇：河海大学，副处长
仇　蕾：河海大学，教授
赖小莹：天津大学，副教授
薛　诗：河海大学，硕士生
吴星妍：河海大学，硕士生
庞甜甜：河海大学，硕士生
李天骄：河海大学，硕士生
马蓓文：河海大学，硕士生
王子勍：河海大学，硕士生
蔡思琴：河海大学，硕士生

贺子高：河海大学，硕士生

朱锦迪：河海大学，硕士生

刘　艺：河海大学，硕士生

余　潞：河海大学，硕士生

李佳静：河海大学，硕士生

张子千：河海大学，硕士生

陈　红：河海大学，硕士生

12. 阿里巴巴团队（云计算案例撰写）

王　坚：阿里巴巴集团技术委员会，主席，中国工程院院士

王中子：阿里巴巴集团科研项目支持办公室，高级专家，博士

13. 华为公司团队（信息行业案例撰写）

徐文伟：华为技术有限公司战略研究院，院长，正高级工程师

张宏喜：华为技术有限公司 ICT Marketing，部长

王敬源：华为技术有限公司，高级专家

金　铭：华为技术有限公司，营销专家

乔　卿：华为技术有限公司，营销专家

14. 北京大学团队（综合案例撰写、编辑编审、参与理论研究）

宋　洁：北京大学工学院，党委书记，教授

何冠楠：北京大学，助理教授

王剑晓：北京大学，助理研究员

李　治：北京大学，工程管理博士

黄　晶：北京大学，工程管理博士

王宗宪：北京大学，博士后

高　锋：北京大学，博士后

黄静思：北京大学，博士后

何　璇：北京大学，工程管理硕士

赵　岳：北京大学，工程管理硕士

佀　庚：北京大学，工程管理硕士

郑耀坤：北京大学，工程管理硕士

王先阳：北京大学，工程管理硕士

李胤臣：北京大学，工程管理硕士

王伟明：北京大学，工程管理硕士

方　隆：北京大学，工程管理硕士

冯　伟：北京大学，工程管理硕士

汪志星：北京大学，工程管理硕士

李颖溢：北京大学，工程管理硕士

赵　耀：北京大学，工程管理硕士

徐少龙：北京大学，工程管理硕士

张栩萌：北京大学，工程管理硕士

麦艺海：北京大学，工程管理硕士

肖亨波：北京大学，机械硕士

高晨宇：北京大学，中国史硕士

李逸飞：北京大学，中国史硕士

王娇培：北京大学，中国史硕士

陈榕欣：北京大学，中国史硕士

15. 中国石化团队（石化案例撰写）

孙丽丽：中国石化炼化工程集团，中国工程院院士

王基铭：中国石化集团，中国工程院院士

袁晴棠：中国石化集团，中国工程院院士

张秀东：中国石化集团工程公司，副总经理，教授级高级工程师

门宽亮：中国石化集团工程公司，高级工程师

蔡晓红：中国石油抚顺石化公司，主办，政工师

陈国瑜：中国石油抚顺石化公司，科长，政工师

毛　军：中国石油抚顺石化公司，处长，正高级政工师

张志军：中国石油独山子石化公司乙烯厂，总工程师，教授级高级工程师

周湧涛：中国石化工程建设有限公司，专业副总监，高级工程师

吴佳晨：中国石化工程建设有限公司，主办，政工师

李　真：中国石化工程建设有限公司，主办，助理经济师

范传宏：中国石化工程建设有限公司，副总经理，正高级工程师

高云忠：中国石化工程建设有限公司，副总裁，正高级工程师

王卫军：中国石化工程建设有限公司，高级项目经理，高级工程师

崔一帆：中国石化工程建设有限公司，项目经理，高级工程师

霍宏伟：中国石化工程建设有限公司，首席专家，正高级工程师

苏胜利：中国石化工程建设有限公司，首席专家，高级工程师

李可梅：中国石化工程建设有限公司，项目设计经理，高级工程师

秦永强：中国石化工程建设有限公司，总经理助理，正高级工程师

魏志强：中国石化工程建设有限公司，主任助理，正高级工程师

简　铁：中国石化工程建设有限公司，控制部副经理，高级工程师

秦有福：中国石化工程建设有限公司，项目经理，高级工程师

张宝海：中国石化工程建设有限公司施工管理部，原经理，高级工程师

邵　壮：中国石化工程建设有限公司项目执行部，副经理，高级工程师

宁　波：中国石化工程建设有限公司，高级项目经理，正高级工程师

马洪波：中国石化工程建设有限公司施工管理部，经理，高级工程师

卫　刚：中国石化工程建设有限公司土建室，主任，高级工程师

费宏民：中国石油大庆石化公司，副处长，高级工程师

杜海平：中国石化燕山石化公司，部长，高级经济师

宋鸿礼：中国石化燕山石化公司，科长，高级政工师

赵书萱：中国石化燕山石化公司，高级业务主管，高级政工师

朱嬿萍：中国石化上海石化公司，调研主管，馆员

杨祖寿：中国石化上海石化公司党委办公室，调研保密科科长，高级政工师

胡燕芳：中国石化上海石化公司党委宣传部，宣教文化科科长，经济师

李　娟：中国石化上海石化公司党委宣传部，新闻舆情科科长，记者

严　峻：上海赛科石油化工有限责任公司党群工作部，政工师

付卫东：中海油惠州石化有限公司，项目副总经理，高级工程师

赵明昌：中海油惠州石化有限公司项目设计管理部，经理，高级工程师

王辅臣：华东理工大学，博士生导师，教授

范体军：华东理工大学人文社会科学处，处长，教授

张来勇：中国寰球工程有限公司，首席技术专家，技术委员会主任，正高级工程师

李胜山：中国石油华东设计院有限公司，原总经理，正高级工程师

何　勇：中国石油广西石化分公司，常务副总经理，正高级工程师

邢忠起：中沙（天津）石化有限公司，专业经理，高级工程师

曹　群：中石化炼化工程（集团）沙特有限责任公司，部门经理，工程师

刘克伟：中石化炼化工程（集团）沙特有限责任公司，副总经理，高级工程师

俞家生：中石化炼化工程（集团）沙特有限责任公司，副总经理，高级工程师

姜　明：中国石化天津分公司，党委副书记，纪委书记，高级工程师

刘旭军：国家能源集团宁夏煤业有限责任公司建设指挥部，总指挥，正高级工程师

丁永平：国家能源集团宁夏煤业有限责任公司，副科长，高级工程师

李　丽：中国天辰工程有限公司，业务主任助理，高级工程师

石小进：中国石化集团南京化学工业有限公司化机公司党群部，副部长，高级经济师

陈登茂：中国石化集团南京化学工业有限公司，政工师

叶晓东：中国石化集团南京化学工业有限公司，执行董事，党委书记，正高级工程师

叶迎春：中国石化集团南京化学工业有限公司，党群管理高级主管，高级政工师

谭　晶：中国石化集团南京化学工业有限公司，党群管理高级专家，高级政工师

王世华：中国石化集团南京化学工业有限公司，副总经理，高级政工师

16. 湖南工商大学团队（制造工程案例撰写）

陈晓红：湖南工商大学，中国工程院院士

何继善：中南大学，中国工程院院士

唐湘博：湖南工商大学环境管理与环境政策评估中心，主任，副教授

易国栋：湖南工商大学前沿交叉学院学科科研办公室，主任，副教授

张威威：湖南工商大学前沿交叉学院教师，讲师

苏翠侠：铁建重工科技发展部，高级工程师，副总经理

龙　斌：铁建重工科技发展部掘进机事业部，执行总经理兼总工程师，高级工程师

郝蔚祺：铁建重工科技发展部，高级工程师，副总经理

秦念稳：铁建重工电气与智能研究设计院，副院长，高级工程师

张海涛：铁建重工交通工程装备事业部，总工程师兼院长，高级工程师

肖正航：铁建重工基础与前沿技术研究设计院，副院长，高级工程师

孙雪峰：铁建重工掘进机总厂，副总经理，总工程师，高级工程师

李鹏华：铁建重工科技发展部科技成果所，负责人，工程师

张帅坤：铁建重工掘进机研究设计院，副院长，高级工程师

周方建：铁建重工掘进机研究设计院，工程师，技术员

姚　满：铁建重工掘进机研究设计院，院长，高级工程师

杨书勤：铁建重工掘进机研究设计院前沿与基础所，所长，高级工程师

黄运明：三一重工泵路事业部泵送公司研究院，院长

何志伟：三一重工泵路事业部泵送公司研究院隧装研究所，所长

曹思林：三一重起事业部 CEO 办公室，副主任

李利斌：浙江三一装备有限公司研究院臂架研究所，副所长

周　平：中联重工建筑起重机械分公司研究院，科管室主任，工程

张玉柱：中联重科工程起重机分公司研发中心，技术总监，高级工程师

罗贤智：中联重科工程起重机分公司研发中心，副主任，高级工程师

屈乐宏：山河智能装备股份有限公司基础装备研究院工法研究所，副所长，工程师

彭　诚：山河智能装备股份有限公司技术中心技术市场支持部，市场调研员

赵宏强：山河智能装备股份有限公司，研究员，资深专家

陈冬良：山河智能特种装备有限公司特种装备研究总院，院长，正高级工程师

17. 能新科团队（综合案例撰写）

张建勇：能新科国际有限公司，董事长兼 CEO

张　娟：能新科国际有限公司，北美区域执行合伙人

张　英：能新科国际有限公司专家委员会，资深委员，高级建筑师，国家一级注册建筑师，注册城乡规划师

王腾飞：能新科国际有限公司，中国区联席总裁，教授级高级工程师

18. 合肥工业大学团队（综合案例撰写、编辑编审）

杨善林：合肥工业大学管理学院，中国工程院院士

梁　樑：合肥工业大学，原校长，教授

王静峰：合肥工业大学土木与水利工程学院，院长，教授

刘心报：合肥工业大学管理学院，校长助理，教授

张　强：合肥工业大学管理学院，院长，教授

张振华：合肥工业大学土木与水利工程学院，副院长，教授

胡笑旋：合肥工业大学管理学院研究生院，常务副院长，教授

李　早：合肥工业大学建筑与艺术学院，原院长，教授

李霄剑：合肥工业大学管理学院，研究员

丁　帅：合肥工业大学管理学院，教授

顾东晓：合肥工业大学管理学院，教授

项乃亮：合肥工业大学土木与水利工程学院道桥地下系副主任，研究员

汪亦显：合肥工业大学土木与水利工程学院道桥地下系副主任，教授

张爱勇：合肥工业大学土木与水利工程学院，教授

刘　武：合肥工业大学土木与水利工程学院，副教授

钟　剑：合肥工业大学土木与水利工程学院，副教授

王艳巧：合肥工业大学土木与水利工程学院水利系，支部书记，副教授

刘　广：合肥工业大学土木与水利工程学院水利系，副主任，副教授

刘佩贵：合肥工业大学土木与水利工程学院，副教授

韩　丁：合肥工业大学土木与水利工程学院，副教授

梁昌勇：合肥工业大学管理学院研究生院，副院长，教授

徐宝才：合肥工业大学食品与生物工程学院，院长，教授

陈从贵：合肥工业大学食品与生物工程学院，书记，教授

付　超：合肥工业大学管理学院，副院长，教授

姜元春：合肥工业大学管理学院，副院长，教授

高伟清：合肥工业大学物理学院，常务副院长，教授

李中军：合肥工业大学物理学院，副院长，教授

宣　蔚：合肥工业大学建筑与艺术学院，院长，教授

蒋翠清：合肥工业大学管理学院，教授

刘业政：合肥工业大学管理学院，教授

罗　贺：合肥工业大学管理学院，教授

焦建玲：合肥工业大学管理学院，教授

周开乐：合肥工业大学管理学院，教授

李贝贝：合肥工业大学土木与水利工程学院，研究员

郅伦海：合肥工业大学土木与水利工程学院建工系，主任，教授

赵春风：合肥工业大学土木与水利工程学院建工系，副主任，教授

袁海平：合肥工业大学土木与水利工程学院，教授

欧阳波：合肥工业大学管理学院，研究员

高　鹏：合肥工业大学土木与水利工程学院，研究员

蒋翠侠：合肥工业大学管理学院，教授

赵　菊：合肥工业大学管理学院，教授

周　谧：合肥工业大学管理学院，教授

柴一栋：合肥工业大学管理学院，教授

周　啸：合肥工业大学土木与水利工程学院，副研究员

胡中停：合肥工业大学土木与水利工程学院，副教授

莫杭杰：合肥工业大学管理学院，副教授

彭张林：合肥工业大学管理学院，副教授

蔡正阳：合肥工业大学管理学院，副研究员

马华伟：合肥工业大学管理学院，副教授

王国强：合肥工业大学管理学院，副教授

周志平：合肥工业大学管理学院，副教授

孙见山：合肥工业大学管理学院，副教授

丁　勇：合肥工业大学管理学院，副教授

孙春华：合肥工业大学管理学院，副教授

陆文星：合肥工业大学管理学院，副教授

赵树平：合肥工业大学管理学院，副教授

刘军航：合肥工业大学管理学院，副教授

付　红：合肥工业大学管理学院，副教授

王晓佳：合肥工业大学管理学院，副教授

李方一：合肥工业大学管理学院，副教授

杨冉冉：合肥工业大学管理学院，副教授

李兰兰：合肥工业大学管理学院，副研究员

罗　彪：合肥工业大学管理学院，教授

杨远俊：合肥工业大学物理学院，副研究员

黎启国：合肥工业大学建筑与艺术学院，副教授

唐晓凤：合肥工业大学食品与生物工程学院，副教授

苗　敏：合肥工业大学食品与生物工程学院，副教授

贺为才：合肥工业大学建筑与艺术学院，副教授

徐　震：合肥工业大学建筑与艺术学院，副教授

曹海婴：合肥工业大学建筑与艺术学院，副教授

19. 解放军火箭军研究院团队（导弹系统工程案例撰写）

李贤玉：解放军火箭军研究院，中国工程院院士，教授

王道军：解放军火箭军研究院，室副主任，研究员

张连伟：解放军火箭军研究院，室副主任，副研究员

安庆杰：解放军火箭军研究院，副研究员

王　昊：解放军火箭军研究院，副研究员

皮嘉立：解放军火箭军研究院，助理研究员

姜　伟：解放军火箭军研究院，副研究员

20. 中国铁路总公司团队（铁道工程案例撰写）

卢春房：中国铁道科学研究院，中国工程院院士

傅志寰：中国铁道科学研究院，中国工程院院士

孙永福：中国铁道科学研究院，中国工程院院士

何华武：中国工程院，中国工程院院士

田京芬：中国铁道学会，副秘书长，高级工程师

贾光智：中国铁道科学研究院信息所，副所长，研究员

史俊玲：中国铁道科学研究院，部门副主任，研究员

李子豪：中国铁道科学研究院，研究实习员

杜晓洁：中国铁道科学研究院，助理研究员

刘　坦：中国铁道科学研究院，研究实习员

方　奕：中国铁道科学研究院，副研究员

刘曲星：中国铁道科学研究院，研究实习员

郭　静：中国铁道学会，工程师

马成贤：中国铁道学会，高级工程师

王　德：中国铁道学会，正高级工程师

苏全利：国家铁路局，原副局长，正高级工程师

张　航：国家铁路局，工程师

才　凡：中国铁路文联，原秘书长，正高级政工师

21. 煤炭团队（煤炭行业案例撰写）

金智新：太原理工大学，中国工程院院士

凌　文：国家能源投资公司，中国工程院院士

韩　进：中煤平朔集团有限公司，总工程师，高级工程师

刘俊昌：中煤平朔集团有限公司，副总工程师兼生产技术部主管，高级工程师

张荣江：中煤平朔集团有限公司生产技术部，技术员，工程师

肖　平：抚顺矿业集团有限责任公司，总经理，教授级高级工程师

张千宇：抚顺矿业集团有限责任公司，科长，高级工程师

王世军：抚顺矿业集团有限责任公司，调研员，工程师

杨　真：国能神东煤炭集团布尔台煤矿，矿长，高级工程师

曹　军：国能神东煤炭集团布尔台煤矿，总工程师，工程师

杨永亮：国能神东煤炭集团布尔台煤矿，副总工程师，工程师

刘兆祥：国能神东煤炭集团补连塔煤矿，总工程师，工程师

李金刚：国能神东煤炭集团补连塔煤矿生产办，主任，工程师

范文胜：国能神东煤炭集团补连塔煤矿生产办，副主任，高级工程师

王　炜：国能准能集团有限责任公司，高级主管，高级工程师

李福平：国能准能集团有限责任公司，高级主管，高级工程师

李海滨：国能准能集团有限责任公司，副科长，工程师

何长文：黑龙江龙煤鸡西矿业集团有限责任公司宣传部，常务副部长，高级工程师

刘维久：黑龙江龙煤鸡西矿业集团有限责任公司，原《鸡西矿工报》编辑，主任记者

王　学：黑龙江龙煤鸡西矿业集团有限责任公司，原《鸡西矿工报》编辑，主任编辑

毛培柱：黑龙江龙煤鹤岗矿业有限责任公司兴安煤矿综合办公室，副主任，助理政工师

张茂秋：黑龙江龙煤鹤岗矿业有限责任公司兴安煤矿宣传部，原部长，教授级高级政工师

关立国：黑龙江龙煤鹤岗矿业有限责任公司兴安煤矿技术部，副部长，高级工程师

闫朝斌：开滦（集团）有限责任公司开滦档案馆，馆长，高级工程师

许　斌：开滦（集团）有限责任公司开滦档案馆，副馆长，高级政工师

赵　彤：开滦（集团）有限责任公司开滦档案馆，科长，英语副译审

刘树弟：开滦（集团）有限责任公司开滦技术中心，主任，正高级工程师

王福强：开滦（集团）有限责任公司开滦技术中心，科长，高级经济师

雷贵生：陕煤集团黄陵矿业集团有限责任公司，党委书记，董事长，教授级高级工程师

王鹏飞：陕煤集团黄陵矿业集团有限责任公司，党委副书记，总经理，教授级高级工程师

李团结：陕煤集团黄陵矿业集团有限责任公司，总工程师，高级工程师

闫敬旺：陕煤集团神木柠条塔矿业有限公司，党委书记，董事长，正高级政工师

王建文：陕煤集团神木柠条塔矿业有限公司，总工程师，正高级工程师

陈　菲：陕煤集团神木柠条塔矿业有限公司，副部长，工程师

杨　征：陕西小保当矿业有限公司，党委书记，董事长，总经理，高级工程师

梁　旭：陕西小保当矿业有限公司，副总经理，总工程师，高级工程师

张慧峰：陕西小保当矿业有限公司，主管，工程师

王向阳：徐州矿务集团有限公司资产开发管理部，部长，研究员，高级工程师

任　毅：徐州矿务集团有限公司资产开发管理部资产开发科，副科长，中级经济师

蔡光琪：中煤平朔集团有限公司，矿长，教授级高级工程师

李国君：抚顺矿业集团有限责任公司，总工程师，教授级高级工程师

贺安民：国能神东煤炭集团布尔台煤矿，院长，教授级高级工程师

22. 中国空间技术研究院团队（空间站案例撰写）

杨　宏：中国空间技术研究院，中国工程院院士

陈国宇：航天科技集团五院人力资源部，副部长，研究员

周昊澄：中国空间技术研究院，工程师

张　昊：中国空间技术研究院，空间站系统主任设计师，研究员

23. 船舰团队（舰船案例撰写）

刘　合：中国石油勘探开发研究院，中国工程院院士

张金麟：中国船舶集团有限公司，中国工程院院士

林　枫：中国船舶集团有限公司七〇三所，所长，研究员

李名家：中国船舶集团有限公司燃气轮机事业部，党总支书记，研究员

徐文燕：中国船舶集团有限公司院士办，主任，研究员

李雅军：中国船舶集团有限公司燃烧技术中心，主任，研究员

刘　勋：中国船舶集团有限公司，高级工程师

刘世铮：中国船舶集团有限公司，工程师

张智博：中国船舶集团有限公司，高级工程师

纪宏志：中国船舶集团有限公司，副总冶金师，高级工程师

左艳军：中国船舶集团有限公司，副主任，研究员

潘　俊：中国船舶集团有限公司，研究员

吴　炜：中国船舶集团有限公司，副主任，研究员

刘　薇：中国船舶集团有限公司，高级工程师

胡　震：中国船舶集团有限公司，船舶集团首席专家，研究员

王　帅：中国船舶集团有限公司，高级工程师

韩　龙：中国船舶集团有限公司，高级工程师

吴思伟：中国船舶集团有限公司，高级工程师

袁红良：沪东中华造船（集团）有限公司，副所长，教授级高级工程师

屠佳樱：沪东中华造船（集团）有限公司，工程师

24. 华中科技大学团队（建筑行业等案例撰写，参与理论研究）

丁烈云：华中科技大学，中国工程院院士

孙　峻：华中科技大学，副教授

陈晓明：上海建工集团股份有限公司，总工程师，教授级高级工程师

樊　剑：华中科技大学，副教授

陈　珂：华中科技大学，副教授

董贺轩：华中科技大学，教授

高　翔：华中科技大学，博士生

杨清章：华中科技大学，硕士生

郁政华：上海市机械施工集团有限公司，副主任，高级工程师

郑　俊：上海市机械施工集团有限公司，高级工程师

邵　泉：广州市建筑集团有限公司，副总工程师，教授级高级工程师

邵　茂：北京城建集团有限责任公司，工程总承包项目总工程师，高级工程师

25. 鞍钢集团团队（冶金工程案例撰写）

邵安林：鞍钢集团矿业有限公司，中国工程院院士

雷平喜：鞍钢集团矿业有限公司，总工程师，教授级高级工程师

尹升华：北京科技大学，院长，教授

柳小波：北京科技大学，主任，教授

寇　玉：北京科技大学，副主任，教授

韩　斌：北京科技大学，副教授

曲福明：北京科技大学，副主任，副教授

荆洪迪：北京科技大学，副研究员

张永存：鞍钢集团矿业有限公司，工会副主席，高级经济师

丛培勇：鞍钢集团矿业有限公司，调研主任，政工师

26. 中国中车团队（机车等案例撰写）

王　军：中国中车，副总裁，教授级高级工程师

曲天威：中国中车，副总兼总工师，教授级高级工程师

李　敏：中国中车，行政部长，教授级高级工程师

吴胜权：中国中车，副总兼总工师，教授级高级工程师

沙　淼：中国中车，总工程师，教授级高级工程师

梁建英：中国中车，主任，教授级高级工程师

于跃斌：中国中车，主任，教授级高级工程师

赵明元：中国中车，副院长，教授级高级工程师

张新宁：中国中车，总工程师，教授级高级工程师

侯　波：中国中车，副主任，教授级高级工程师

田　钢：中车工业研究院有限公司，技术总监，教授级高级工程师

刘　昱：中车工业研究院有限公司，行政部长，教授级高级工程师

汪琳娜：中车工业研究院有限公司，工程师

徐　磊：中车青岛四方机车车辆股份有限公司，总工师，教授级高级工程师

林　松：中车青岛四方机车车辆股份有限公司，主任设计师，教授级高级工程师

王　浩：中车青岛四方机车车辆股份有限公司，首席设计师，教授级高级工程师

林　鹏：中车青岛四方机车车辆股份有限公司，技术中心书记，教授级高级工程师

王树宾：中车长春轨道客车股份有限公司，总体部部长，教授级高级工程师

邓　海：中车长春轨道客车股份有限公司，中车科学家，教授级高级工程师

王　超：中车长春轨道客车股份有限公司，技术专家，教授级高级工程师

陈澍军：中车唐山机车车辆有限公司，总体部部长，教授级高级工程师

宋焕民：中车唐山机车车辆有限公司，总体部副部长，高级政工师

吴可超：中车唐山机车车辆有限公司，主管，高级政工师

张宗康：中车大连机车车辆有限公司，总体部副部长，高级工程师

苏屹峰：中车大连机车车辆有限公司，工程师

宁　娜：中车大连机车车辆有限公司，高级经济师

27. 核武器团队（核武案例撰写）

范国滨：中国工程物理研究院，中国工程院院士

李　静：中国工程科技创新战略研究院，助理研究员

毛朋成：中国工程科技创新战略研究院，研究生

彭现科：中国工程科技创新战略研究院，副秘书长

曹晓阳：中国工程科技创新战略研究院，副研究员

28. 中国信息安全测评中心团队（信息工程案例撰写）

黄殿中：中国信息安全测评中心国际关系学院，中国工程院院士

王　标：中国信息安全测评中心国际关系学院，教授

巩朋贤：中国信息安全测评中心国际关系学院，研究生

信　欣：中国信息安全测评中心国际关系学院，研究生

袁　艺：中国信息安全测评中心国际关系学院，研究生

29. 解放军总医院（301 医院）团队（医院建设案例撰写）

李晓雪：解放军总医院（301 医院），主任，副主任医师

王彬华：解放军总医院（301 医院），工程师

郝昱文：解放军总医院（301 医院），副主任，高级工程师

马延爱：解放军总医院（301 医院），主管护师

南　杰：解放军总医院（301 医院），助理工程师

吉巧丽：解放军总医院（301 医院），助理研究员

30. 中国石油大学（北京）团队（能源案例撰写）

张来斌：中国石油大学（北京），中国工程院院士

张　磊：中国石油大学（北京），副教授

徐凌波：中国石油大学（北京），硕士生

赵潇楠：中国石油大学（北京），硕士生

杨　潇：中国石油大学（北京），硕士生

聂中华：中国石油大学（北京），硕士生

31. 中国地质大学（北京）团队（深井工程案例撰写）

孙友宏：中国地质大学（北京），中国工程院院士

李　冰：中国地质大学（北京），副教授

李亚洲：中国地质大学（北京），讲师

PavelTalalay：吉林大学极地科学与工程研究院，院长，教授

孙宝江：中国石油大学（华东），教授

刘洪涛：塔里木油田公司油气工程研究院，院长，高级工程师

周　波：塔里木油田公司油气工程研究院，副院长，高级工程师

赵　力：塔里木油田公司油气工程研究院，副所长，高级工程师

唐　斌：塔里木油田公司油气工程研究院，副主任，工程师

张绪亮：塔里木油田公司油气工程研究院，副主任，工程师

32. 卫星团队（卫星案例撰写）

杨长风：中国卫星导航系统管理办公室，中国工程院院士，正高级工程师

王慧林：中国卫星导航系统管理办公室，主管

蔡洪亮：中国卫星导航系统管理办公室，高级工程师

曹坤梅：中国卫星导航系统管理办公室，高级工程师

33. 东旭集团团队（综合案例撰写）

李　青：旭新光电科技有限公司，董事长

斯沿阳：旭新光电科技有限公司，技术总监，高级工程师

王世岚：东旭集团有限公司，高级经理，工程师

郝　艺：东旭集团有限公司，高级经理，工程师

王丽红：东旭集团有限公司，技术总监，高级工程师

李瑞佼：东旭集团有限公司，高级经理，工程师

郑　权：东旭集团有限公司，总经理，工程师

王耀君：东旭集团有限公司精密玻璃研究院，院长，高级工程师

张紫辉：河北工业大学，教授

张勇辉：河北工业大学，教授

王玉乾：石家庄旭新光电科技有限公司，项目部部长

史　俭：石家庄旭新光电科技有限公司，项目部职员

陈志强：石家庄旭新光电科技有限公司，工程师

任晟冲：石家庄旭新光电科技有限公司，技术部主管

刘广旺：石家庄旭新光电科技有限公司，工程师

何怀胜：芜湖东旭光电科技有限公司，副总经理，高级工程师

34. 冶金工业规划研究院团队（综合案例撰写）

殷瑞钰：钢铁研究总院，中国工程院院士

李新创：冶金工业规划研究院，原院长，正高级工程师

姜晓东：冶金工业规划研究院，副院长，正高级工程师

王定洪：冶金工业规划研究院，总设计师，正高级工程师

高　升：冶金工业规划研究院，总设计师，处长，高级工程师

李　闯：冶金工业规划研究院，总设计师，正高级工程师

李晋岩：冶金工业规划研究院，总设计师，高级工程师

安成钢：冶金工业规划研究院，总设计师，高级工程师

周园园：冶金工业规划研究院，高级工程师

樊　鹏：冶金工业规划研究院，副处长，高级工程师

高　金：冶金工业规划研究院，高级工程师

谢　迪：冶金工业规划研究院，高级工程师

刘彦虎：冶金工业规划研究院，高级工程师

张　明：冶金工业规划研究院，副主任，高级工程师

武建国：冶金工业规划研究院，高级工程师

35. 中国石油规划总院团队（管道系统工程案例撰写）

黄维和：中国石油规划总院，国家管网研究总院，中国工程院院士，教授级高级工程师

关中原：国家管网研究总院，《油气储运》杂志社社长，教授级高级工程师

（工作人员未计入名单）

36. 中国航发团队（航天飞行器案例撰写）

曹建国：中国航空发动机研究院，集团董事长，中国工程院院士

向　巧：中国航空发动机研究院，副总经理，中国工程院院士

李　明：中国航空发动机研究院，高级工程师

朱大明：中国航空发动机研究院，教授级高级工程师

付　玉：中国航空发动机研究院，工程师

谭　米：中国航空发动机研究院，工程师

刘翠玉：中国航空发动机研究院，工程师

廖忠权：中国航空发动机研究院，高级工程师

刘博维：中国航空发动机研究院，工程师

晏武英：中国航空发动机研究院，高级工程师

37. 环境规划院团队（环境工程案例撰写）

王金南：生态环境部环境规划院，中国工程院院士

雷　宇：生态环境部环境规划院，所长，研究员

王夏晖：生态环境部环境规划院，副总工，研究员

王　东：生态环境部环境规划院，副总工，研究员

徐　敏：生态环境部环境规划院，首席专家，研究员

张文静：生态环境部环境规划院，研究员

彭硕佳：生态环境部环境规划院，高级工程师

张　鹏：生态环境部环境规划院，工程师

王　波：生态环境部环境规划院，主任，副研究员

郑利杰：生态环境部环境规划院，工程师

车璐璐：生态环境部环境规划院，助理研究员

颜亦磊：浙江省能源集团有限公司，主管，工程师

吕佳慧：浙江天地环保科技股份有限公司，经济师

金　军：浙江浙能嘉华发电有限公司，主管，高级工程师

38. 中国水利科学研究院团队（水利工程案例撰写）

王建华：中国水利水电科学研究院，副院长，正高级工程师

张　诚：国际洪水管理大会常设秘书处，主任，正高级工程师

吕　娟：中国水利水电科学研究院减灾中心，主任，正高级工程师

李文洋：中国水利水电科学研究院国际合作处，翻译

陈　娟：中国水利水电科学研究院际合作处，高级工程师

张洪斌：中国水利水电科学研究院减灾中心，高级工程师

毕吴瑕：中国水利水电科学研究院减灾中心，高级工程师

穆　杰：中国水利水电科学研究院减灾中心，高级工程师

王　刚：中国水利水电科学研究院减灾中心，正高级工程师

王　力：中国水利水电科学研究院减灾中心，高级工程师

李云鹏：中国水利水电科学研究院减灾中心，高级工程师

周　波：中国水利水电科学研究院减灾中心，正高级工程师

39. 成都理工大学团队（综合案例撰写、参与编辑编审）

刘清友：成都理工大学，书记，教授

许　强：成都理工大学，校长，教授

范宣梅：成都理工大学地质灾害防治与地质环境保护国家重点实验室，副主任，研究员

赵伟华：成都理工大学环境与土木工程学院地质工程系，系副主任，副教授

王运生：成都理工大学环境与土木工程学院地质工程系，教授

林汐璐：成都理工大学地质灾害防治与地质环境保护国家重点实验室，讲师

罗永红：成都理工大学环境与土木工程学院地质工程系，系主任，教授

吉　锋：成都理工大学环境与土木工程学院地质工程系，教授

马春驰：成都理工大学环境与土木工程学院地质工程系，教授

张　岩：成都理工大学环境与土木工程学院地质工程系，研究员

罗　璟：成都理工大学环境与土木工程学院地质工程系，研究员

崔圣华：成都理工大学环境与土木工程学院地质工程系，副教授

陈婉琳：成都理工大学环境与土木工程学院地质工程系，讲师

刘　明：成都理工大学环境与土木工程学院地质工程系，讲师

王　丹：成都理工大学环境与土木工程学院地质工程系，讲师

汤明高：成都理工大学环境与土木工程学院土木工程系，系主任，教授

赵　华：成都理工大学环境与土木工程学院土木工程系，系副主任，副教授

高涌涛：成都理工大学环境与土木工程学院土木工程系，副教授

朱思宇：成都理工大学环境与土木工程学院土木工程系，副教授

武东生：成都理工大学环境与土木工程学院土木工程系，研究员

李　延：成都理工大学环境与土木工程学院土木工程系，副教授

焦　彤：成都理工大学环境与土木工程学院土木工程系，副教授

李龙起：成都理工大学环境与土木工程学院土木工程系，教授

吕　龙：成都理工大学环境与土木工程学院土木工程系，副教授

陈　旭：成都理工大学环境与土木工程学院土木工程系，副教授

钟志彬：成都理工大学环境与土木工程学院土木工程系，副教授

袁维光：成都理工大学环境与土木工程学院土木工程系，讲师

魏振磊：成都理工大学环境与土木工程学院土木工程系，研究员

黄　健：成都理工大学环境与土木工程学院土木工程系，副主任，副教授

解明礼：成都理工大学环境与土木工程学院地质工程系，讲师

夏明垚：成都理工大学地质灾害防治与地质环境保护国家重点实验室，研究员

赖琪毅：成都理工大学地质灾害防治与地质环境保护国家重点实验室，助理研究员

闫帅星：成都理工大学地质灾害防治与地质环境保护国家重点实验室，研究员

陈　政：成都理工大学地质灾害防治与地质环境保护国家重点实验室，研究员

陈　明：成都理工大学地质灾害防治与地质环境保护国家重点实验室，研究员

王剑超：成都理工大学地质灾害防治与地质环境保护国家重点实验室，助理研究员

赵建军：成都理工大学地质灾害防治与地质环境保护国家重点实验室，副主任，教授

高继国：成都理工大学党委组织部，副部长，学校党校副校长，副教授

黄　寰：成都理工大学学术期刊中心、商学院应用经济系，教授

40. 中国地质科学研究院团队（有色金属矿产案例撰写）

王安建：中国地质科学研究院，首席科学家，教授

刘　云：中国地质科学研究院，教授级高级工程师

41. 中国石油长庆油田团队（综合案例撰写、参与编辑编审）

何江川：中国石油天然气股份有限公司，教授级高级工程师

王京锋：长庆油田，教授级高级工程师

刘　涛：长庆油田党委办公室，副主任，政工师

杨　卫：长庆油田企管法规部，副主任，高级政工师

王　浩：长庆油田政策研究二室，主管，工程师

范　敏：长庆油田机关党总支，书记，工会主席，高级政工师

杨彦春：长庆油田党委宣传部，干事，高级政工师

何昕睿：长庆油田党委办公室，副主任，工程师

李　林：长庆油田党委办公室，副主任，工程师

李云鹏：长庆油田，工程师，干事

王　琳：长庆油田党委宣传部，干事，助理政工师

42. 西安交通大学团队（综合案例撰写）

汪应洛：西安交通大学，中国工程院院士，教授，博士生导师

钟　晟：国家发改委与西安交通大学共建改革试点探索与评估协同创新中心，研究员

徐立国：国家发改委与西安交通大学共建改革试点探索与评估协同创新中心，研究员

郑维博：国家发改委与西安交通大学共建改革试点探索与评估协同创新中心，研究员

周　勇：西安交通大学汪应洛院士研究团队，高级工程师

魏　航：西安交通大学汪应洛院士研究团队，高级工程师

43. 上海外高桥团队（邮轮案例撰写）

王　琦：上海外高桥造船有限公司，党委书记（董事长），正高级工程师

陈　刚：上海外高桥造船有限公司，总经理，正高级工程师

周　琦：上海外高桥造船有限公司，副总经理，高级工程师

许艳霞：上海外高桥造船有限公司，成本总监/企划部部长，正高级经济师